Slowcooking für Eilige

Einfach, günstig und gesund kochen
mit dem Schongarer

Nathan Anthony

Slowcooking für Eilige

Einfach, günstig und gesund kochen mit dem Schongarer

80 geniale Rezepte für One-Pot-Gerichte, Currys, Pasta und Süßes

südwest

Inhalt

Willkommen!

Toll, dass Sie bei meinem ersten Buch mit an Bord sind! Ich habe *Bored of Lunch* 2020 in den Sozialen Medien gegründet, um möglichst vielen Menschen dabei zu helfen, sich während der Pandemie zu Hause gesünder und abwechslungsreicher zu ernähren. Außerdem hatte ich damit einen ausgezeichneten Vorwand, auch mir selbst im Homeoffice Superleckeres zu kochen. Nach nur zwei Jahren zählte der Blog bereits fast eine Million Follower, die Videos wurden sogar mehr als 100 Millionen Mal angeklickt. Ich bin kein ausgebildeter Koch, habe nie in der Gastronomie gearbeitet und bin auch kein Ernährungsexperte ... Aber ich bin ein absoluter Foodie. Tagsüber arbeite ich für eines der größten Unternehmen in Großbritannien, abends bin ich leidenschaftlicher Hobbykoch. Da ich Job und Kochen unter einen Hut bringen muss, sind meine Rezepte nie aufwendig und immer machbar.

Zu Hause zu kochen sollte auch nicht teuer sein. Deshalb sind die Gerichte in diesem Buch ausgesprochen kostengünstig und familientauglich, und sie lassen sich gut vorbereiten. Schongarer verbrauchen weniger Energie als Ofen und Herd, auch hier können Sie also Geld sparen. Die Zutaten bekommen Sie im Supermarkt um die Ecke, meist sogar als Eigenmarke der jeweiligen Kette. Die Kalorienangaben habe ich den Rezepten hinzugefügt, weil ich die Kalorien, die ich aufnehme, im Auge behalte – vielleicht möchten Sie das ja auch.

Das Schöne am Schongarer ist, dass Sie alles vorbereiten und das Essen dann vor sich hin köcheln lassen können, während Sie sich anderen Dingen widmen – um schließlich eine gesunde und köstliche selbst gekochte Mahlzeit zu genießen. Wer tagsüber keine Zeit hatte, etwas vorzubereiten, kann die Gerichte statt im Schongarer allerdings problemlos auch auf dem Herd kochen. Egal, für welche Methode Sie sich entscheiden: In diesem Buch finden Sie jede Menge tolle Rezepte für leckere One-Pot-Gerichte.

Ich widme dieses Buch meinen fantastischen Online-Followern – ohne sie würde es dieses Buch wohl nicht geben. Ich hoffe, Sie haben ebenso viel Freude an diesem Buch und den Rezepten wie ich selbst. Ich freue mich, wenn Sie die Gerichte aus diesem Buch nachkochen und in den Sozialen Medien teilen!

Alles Liebe
Nathan

Küchen-ausstattung

Schongarer

In meiner Küche stehen zwei Schongarer in verschiedenen Größen. Der eine hat ein Fassungsvermögen von 3,5 Litern und eignet sich für fast alle Rezepte in diesem Buch. In einem Schongarer dieser Größe kann man bequem vier große Portionen zubereiten. Der andere hat ein Fassungsvermögen von 6,5 Litern; diesen benutze ich für sehr große Fleischstücke oder größeres Geflügel. Die Kaufentscheidung für den »richtigen« Schongarer ist nicht schwierig, da sich die Geräte in der Handhabung mehr oder weniger alle ähneln. Die preiswerteren Schongarer verfügen in der Regel über zwei Einstellungen: hohe und niedrige Stufe. Die etwas teureren Geräte sind darüber hinaus meist noch mit einer Warmhaltefunktion ausgestattet, bei der das zubereitete Essen nicht weitergegart wird – perfekt, wenn man Gäste hat. Lesen Sie sich die Gebrauchsanweisung Ihres Schongarers genau durch, doch normalerweise sind Keramiktopf und -deckel spülmaschinenfest. Ofenfest ist der Deckel allerdings nicht, deshalb nehme ich ihn natürlich ab, wenn ich das Gericht im Backofen fertig gare.

Obwohl Schongarer meist über einen längeren Zeitraum hinweg eingeschaltet sind, sind sie sehr energieeffizient und verbrauchen wenig Strom. Deshalb sind die Geräte auch hinsichtlich der Betriebskosten günstiger als die meisten Standardöfen. Außerdem eignet sich die Garmethode »Low & Slow« – bei niedriger Temperatur, dafür länger – hervorragend, um etwas preiswerteres Fleisch zuzubereiten. Alles in allem, denke ich, ist der Schongarer eine erstklassige Möglichkeit, Haushaltsgeld zu sparen.

Küchenmaschine

Zwar erfordern nicht viele Rezepte in diesem Buch eine Küchenmaschine, doch würde ich die Anschaffung eines solchen Geräts unbedingt empfehlen: Es spart ungeheuer viel Zeit, will man Dinge wie beispielsweise Currypasten zubereiten. Scheut man die Ausgabe oder hat man in der Küche keinen Platz für ein solches Gerät, können die entsprechenden Zutaten mit einem scharfen Messer natürlich auch fein gehackt werden. Geschmacklich macht das keinen Unterschied, nur die Konsistenz ist jeweils etwas anders.

Antihaftbeschichtete Pfanne

Ich brate Fleisch im Allgemeinen nicht an, bevor ich es in den Schongarer gebe, doch wenn ich es tue, wirkt eine gute antihaftbeschichtete Pfanne Wunder. Für die überwiegende Mehrheit der Rezepte in diesem Buch brauchen Sie eine solche Pfanne zwar nicht; wenn Sie aber Zeit haben, so verleiht das Anbraten des Fleischs dem Gericht noch einige zusätzliche Röstaromen.

Stabmixer

In den kälteren Monaten des Jahres möchte ich auf schöne, warme Suppen keinesfalls verzichten, und so köchelt in dieser Zeit meist eine in meinem Schongarer vor sich hin. Das spart Platz auf dem Herd, hilft beim Meal Prep und beschert traurigem Gemüse, das sonst in der Biotonne landen würde, einen zweiten Frühling. Da ich fein pürierte Suppen lieber mag als stückige, lege ich zum Schluss noch Hand mit dem Stabmixer an. Die Geräte sind preiswert und halten darüber hinaus den Abwasch klein, da man mit ihnen die Suppe direkt im Topf pürieren kann.

Küchenwaage

Küchenwaagen kann man für wenig Geld über das Internet bekommen. Sie helfen Ihnen dabei, sich genau ans Rezept zu halten, was insbesondere hinsichtlich der Kalorienangabe wichtig ist. Beim Abmessen von Nudeln oder Reis sind sie unverzichtbar. Meine Küchenwaage ist flach und klein und passt so in jeden Schrank.

Basics im Vorratsschrank

Auf der gegenüberliegenden Seite habe ich die Zutaten aufgelistet, die ich am häufigsten brauche und möglichst immer zur Hand habe, um kreativ, lecker und gesund kochen zu können. Die Liste ist natürlich nicht erschöpfend, und Sie müssen jetzt auch nicht gleich aus dem Haus stürmen und alles auf einmal einkaufen. Ich habe die Dinge nur gern im Vorratsschrank und empfehle Ihnen, sich ebenfalls einen solchen Grundstock zuzulegen.

Wie erwähnt bin ich weder Ernährungsexperte noch Fitnesscoach, aber davon überzeugt, dass durch das Kalorienzählen Ernährungsbedürfnisse und -ziele erfüllt und erreicht werden können. Es gibt jede Menge Apps online, mit denen Sie die für Ihr Gewicht und Ihre Körpergröße passende Kalorienzufuhr pro Tag berechnen können. Die Kalorienangabe bei meinen Rezepten soll Ihnen den Alltag erleichtern, ob Sie nun abnehmen oder Ihr Gewicht halten wollen.

Für den Geschmack

- Getrocknete Kräuter: Oregano, Basilikum, Thymian, Rosmarin, Koriander
- Paprikapulver, Chiliflocken, Knoblauchgranulat, Zwiebelgranulat, Chilipulver
- Salz und Pfeffer

Für die Fakeaway-Rezepte

- Sojasauce, Hoisin-Sauce, Honig, Reisessig, fettreduzierte Kokosmilch aus der Dose, Sriracha-Sauce, Erdnussbutter
- Knoblauch und Ingwer – frisch, getrocknet oder tiefgekühlt

Saucenbasics

- Gemüsebrühe, Hühnerbrühe, Rinderbrühe
- Maismehl zum Andicken der Sauce
- Gehackte oder passierte Tomaten aus der Dose
- Tomatenmark
- Worcestershiresauce

Sättigende Beilagen

- Reis
- Linsen
- Getrocknete Nudeln; für den Schongarer eignen sich Penne, Farfalle und Orzo – kleine Nudeln in Reiskornform – wirklich gut. Sie können auch frische Nudeln verwenden (siehe unten); sie brauchen nur etwa ein Drittel der Garzeit von getrockneten Nudeln. Wenn Sie die Nudeln direkt im Schongarer garen, statt sie separat auf dem Herd zu kochen, sparen Sie Energie und reduzieren den Abwasch.
- Süßkartoffeln
- (Früh-)Kartoffeln
- Bohnen
- Frische Nudeln

Frische Zutaten für noch mehr Geschmack

- Korianderblätter
- Basilikumblätter
- Rosmarinzweige
- Thymianstängel
- Zitronen, Limetten und Orangen
- Zwiebeln

Fakeaways

PRO PORTION **324** KCAL

Als ich noch klein war haben meine Eltern hin und wieder etwas beim Thailänder bestellt – dieses Rezept, das ich liebe, ist davon inspiriert. Allein der Duft des Gerichts versetzt mich in meine Kindheit zurück und lässt mich sentimental werden. Und ist das nicht das Schöne an gewissen Speisen – dass sie so voller wunderbarer Erinnerungen stecken können? Im Grunde ähnelt dieses Fakeaway einem sehr reichhaltigen Saté.

Rindfleisch mit Thai-Basilikum

FÜR 4 PORTIONEN

500 g Rindfleisch, in dünne Streifen geschnitten
5 Knoblauchzehen, abgezogen und fein gehackt
1 TL Chiliflocken
1 TL milde Ancho-Chiliflocken
1 EL getrocknetes Basilikum oder Thai-Basilikum-Paste
1 EL thailändische Fischsauce
3 EL Sojasauce
2 EL Orangensaft, frisch gepresst
1 EL Zucker
1 gehäufter EL Maismehl, mit 1 EL Wasser zu einer Paste verrührt
3 EL Honig
1 rote Paprikaschote, in Streifen geschnitten
1 Handvoll Champignons, halbiert
250 ml Hühnerbrühe
Salz und Pfeffer

Ich serviere dieses Gericht mit gekochtem Reis oder Pommes aus meiner Heißluftfritteuse. Bei 200 Gramm Reis müssen 260 Kilokalorien dazugerechnet werden.

1 Alle Zutaten bis auf Salz und Pfeffer in den Schongarer geben, umrühren und mit Salz sowie Pfeffer würzen. Auf hoher Stufe 2 ½ bis 3 Stunden oder auf niedriger Stufe 5 Stunden garen. Wer die Sauce dicker mag, gibt 1 weiteren Teelöffel Maismehl, mit etwas Wasser zu einer Paste vermischt, dazu und verrührt noch einmal alles gründlich.

PRO PORTION 290 KCAL

Mit großem Abstand ist dieses Fakeaway-Gericht dasjenige, das meine Online-Follower am häufigsten nachgekocht haben, das Video dazu wurde in den Sozialen Medien millionenfach angesehen. Auf meinen Reisen durch Thailand hatte ich mich in ein ganz ähnliches Gericht verliebt. Später habe ich versucht, meine eigene Version davon zu entwickeln. Das Mango-Hähnchen-Curry schmeckt nicht nur fantastisch, es lässt sich auch superleicht zubereiten.

Mango-Hähnchen-Curry

FÜR 4 PORTIONEN

- 3 Hähnchenbrustfilets, in Stücke geschnitten
- 400 ml fettreduzierte Kokosmilch aus der Dose
- 1 rote Chilischote mit Kernen, in Ringe geschnitten
- 1 große Mango, geschält, entsteint und gehackt
- 1 EL Mangochutney
- 1 Zwiebel, abgezogen und in Scheiben geschnitten
- 4 Knoblauchzehen, abgezogen und gehackt
- 2 ½ cm frischer Ingwer, geschält und gerieben
- 1 Handvoll frischer Koriander, gehackt
- 1–2 EL Currypulver
- 2 EL Sojasauce
- Saft von 1 Bio-Limette + 1 Limettenscheibe
- 1 EL Maismehl, mit 1 EL Wasser zu einer Paste verrührt
- 1 gelbe Paprikaschote, in Streifen geschnitten
- Salz und Pfeffer

1 Alle Zutaten bis auf Paprika, Salz und Pfeffer in den Schongarer geben, umrühren und zuletzt mit Salz sowie Pfeffer würzen. Auf hoher Stufe 3 Stunden oder auf niedriger Stufe 7 Stunden garen. Die Paprikastreifen dazugeben und alles weitere 15 Minuten garen.

Mit Reis und Fladenbrot zum Aufnehmen der wunderbaren Sauce servieren. Bei 150 Gramm Reis kommen noch 195 Kilokalorien pro Portion dazu.

PRO PORTION
408
KCAL

Dieses Gericht, das ich erstmals auf Ko Phi Phi, einer wunderschönen Inselgruppe in Thailand, probiert habe, musste ich unbedingt nachkreieren. Es ist eine Kreuzung aus Curry und Eintopf, mit zartem, bei niedriger Temperatur gegartem Fleisch und milder Schärfe. Das unaufwendige Rezept erfordert weniger als 15 Minuten Vorbereitung vor der Arbeit – und wenn Sie nach Hause kommen, müssen Sie nur noch den Reis kochen. Wer mehr Sauce mag, gibt noch etwas Wasser dazu.

Rindfleisch-Masaman

FÜR 4 PORTIONEN

600 g Kartoffeln, mit Schale in kleine Stücke geschnitten
400 g Rindfleisch, in mundgerechte Würfel geschnitten
400 ml fettreduzierte Kokosmilch aus der Dose
2 gehäufte EL Maismehl, mit 1 EL Wasser zu einer Paste verrührt
1 Bio-Limettenscheibe
250 ml Rinderfond
Salz und Pfeffer
gehackte Erdnüsse

Für die Masaman-Currypaste
1 TL gemahlener Koriander
1 TL Zimtpulver
1 rote Chilischote
1 rote Zwiebel, abgezogen und grob gehackt
1 Handvoll frischer Koriander
2 ½ cm frischer Ingwer, geschält
1 EL Austernsauce
2 EL dunkle Sojasauce
1 EL brauner Zucker
4 Knoblauchzehen, abgezogen
1 TL gemahlener Kreuzkümmel
1 TL Currypulver
Saft von 1 Zitrone
Saft von 1 Limette

Mit 200 Gramm Reis serviert, kommen noch 260 Kilokalorien pro Portion dazu.

1 Die Zutaten für die Masaman-Currypaste in der Küchenmaschine zu einer glatten Mischung verarbeiten. Alternativ die Zutaten fein hacken und in den Schongarer geben.

2 Die Currypaste mit den restlichen Zutaten bis auf Salz, Pfeffer und Erdnüsse in den Schongarer geben, umrühren und mit Salz sowie Pfeffer würzen. Alles auf niedriger Stufe 8 Stunden garen. Mit gehackten Erdnüssen garniert servieren.

PRO PORTION 555 KCAL

Früher habe ich dieses Gericht immer mit Reis serviert, doch dann habe ich entdeckt, dass man auch Nudeln mit der Sauce im Schongarer kochen kann – eine perfekte One-Pot-Mahlzeit für unter der Woche. Wer sie trotzdem lieber mit Reis serviert, lässt Nudeln und Brühe einfach weg. Mit fettreduzierter Kokosmilch und ohne Öl sind die Rindfleischnudeln auch noch figurfreundlich ***(Rezeptfoto siehe folgende Doppelseite)*****.**

Nudeln mit Rindfleisch und Erdnusssauce

FÜR 4 PORTIONEN

- 400 g Rindfleisch, in Streifen geschnitten
- 1 EL Currypulver
- 1 EL Sojasauce
- 1 Zwiebel, abgezogen und gehackt
- einige Frühlingszwiebeln, gehackt
- 3 EL Erdnussbutter
- Saft von 1 Bio-Limette + 1 Limettenscheibe
- 400 ml fettreduzierte Kokosmilch aus der Dose
- 1 rote Chilischote, in Ringe geschnitten
- 2 EL Honig
- 4 Knoblauchzehen, abgezogen und gehackt
- 2 ½ cm frischer Ingwer, geschält und gerieben
- 1 Handvoll Maiskörner
- 1 Handvoll grüne Bohnen
- 1 Handvoll Baby-Brokkoli
- 2 Karotten, gehackt
- 200 g getrocknete Eiernudeln
- 250 ml heiße Hühnerbrühe
- Sesamsamen zum Garnieren

1 Alle Zutaten bis auf Nudeln, Brühe und Sesamsamen in den Schongarer geben. Umrühren. Auf hoher Stufe 2 Stunden oder auf niedriger Stufe 5 Stunden garen. Nudeln sowie Brühe unterrühren und alles 20 Minuten weitergaren, dabei nach 10 Minuten noch einmal umrühren. Mit Sesam bestreut servieren.

Für eine kalorienärmere Variante mit Reis oder Udonnudeln zubereiten.

Nudeln mit Rindfleisch und Erdnusssauce

PRO PORTION
290
KCAL

Korma gehört zu meinen Leibspeisen, doch kann das Gericht mit all der Sahne recht kalorienreich sein. Mein Hähnchen-Korma schlägt dagegen nur mit 290 Kilokalorien pro Portion zu Buche, was in erster Linie an der fettreduzierten Kokosmilch liegt. Mit ihr müssen Sie weder hinsichtlich Cremigkeit noch in puncto Geschmack irgendwelche Abstriche machen. Und allzu sehr nach Kokos schmeckt das Korma durch die vielen tollen Gewürze auch nicht.

Gesundes Hähnchen-Korma

FÜR 4 PORTIONEN

3 Hähnchenbrustfilets, in mundgerechte Stücke geschnitten
400 ml fettreduzierte Kokosmilch aus der Dose
100 ml Hühnerbrühe
1 EL Tomatenmark
1 EL Mangochutney
4 Knoblauchzehen, abgezogen und gehackt
2 ½ cm frischer Ingwer, geschält und gerieben
1 Zwiebel, abgezogen und in Scheiben geschnitten
1 TL gemahlener Koriander
1 TL gemahlener Kreuzkümmel
1 TL mildes Chilipulver
1 TL gemahlene Kurkuma
1 TL Paprikapulver
3 Gewürznelken
1 EL Maismehl, mit 1 EL Wasser zu einer Paste verrührt
Salz und Pfeffer
gehobelte Mandeln und frischer Koriander zum Garnieren

1 Alle Zutaten bis auf Salz, Pfeffer, Mandeln und Koriander in den Schongarer geben, umrühren und mit Salz sowie Pfeffer würzen. Auf hoher Stufe 3 Stunden oder auf niedriger Stufe 4 bis 5 Stunden garen. Die Gewürznelken herausnehmen und entsorgen. Das Hähnchen-Korma mit gehobelten Mandeln sowie frischem Koriander garniert servieren.

Ich serviere das Korma immer mit Naan-Brot oder Chapati und etwa 200 Gramm Reis pro Portion; mit Letzterem kommen 260 Kilokalorien dazu.

PRO PORTION
326
KCAL

Das »knallige« Curry ist nicht nur sehr figurfreundlich, es lässt sich auch perfekt vorbereiten und steht dann unter der Woche im Handumdrehen auf dem Tisch. Kokosmilch verleiht dem Gericht seine herrlich sahnige Basis, ohne es dabei allzu kalorienreich zu machen. Die Erbsen sind eine Idee aus Irland: Bestellt man sich dort ein Curry zum Mitnehmen oder Liefern, sind meist Erbsen dabei – eine unglaublich leckere Dreingabe!

Klassisches Curry mit Hähnchen

FÜR 4 PORTIONEN

4 Hähnchenbrustfilets, in mundgerechte Stücke geschnitten
400 ml fettreduzierte Kokosmilch aus der Dose
2 EL Tomatenmark
1 TL gemahlener Koriander
1 EL gemahlene Kurkuma
2 EL Currypulver
1 TL Chilipulver
1 Zwiebel, abgezogen und grob gehackt
4 Knoblauchzehen, abgezogen und fein gehackt
2 ½ cm frischer Ingwer, geschält und gerieben, oder 1 TL gemahlener Ingwer
½ TL Fünf-Gewürze-Pulver
Salz und Pfeffer
400 g Erbsen aus der Dose, abgegossen

1 Alle Zutaten bis auf Salz, Pfeffer und Erbsen in den Schongarer geben, umrühren und mit Salz sowie Pfeffer würzen. Alles auf hoher Stufe 4 Stunden garen. Die Erbsen dazugeben und 5 Minuten mitgaren, bis sie weich sind und sich in der Sauce erwärmt haben.

Ich serviere das Hähnchencurry mit 200 Gramm gegartem Basmatireis pro Portion. Dadurch erhöht sich der Kaloriengehalt der gesamten Mahlzeit auf 586 Kilokalorien pro Portion.

PRO PORTION 336 KCAL

Butter Chicken gehört eindeutig zu den Gerichten, die man sich nach einem langen Arbeitstag wünscht, wenn es draußen kalt und ungemütlich ist. Wer keine Tomaten aus der Dose und keine Crème légère zu Hause hat, nimmt stattdessen einfach fettreduzierte Kokosmilch. Natürlich kann man auch Sahne verwenden, doch die steuert einiges an Kalorien bei.

Schlanke Butter Chicken

FÜR 4 PORTIONEN

4 Hähnchenbrustfilets, in mundgerechte Stücke geschnitten
60 g fettreduzierte Butter
400 g gehackte Tomaten aus der Dose
Salz und Pfeffer
3 EL Crème légère
frischer Koriander zum Garnieren

Für die Marinade
3 Knoblauchzehen, abgezogen und fein gehackt
1 TL gemahlene Kurkuma
1 TL Currypulver
1 TL gemahlener Koriander
1 TL mildes Chilipulver
1 EL gemahlener Kreuzkümmel
2 ½ cm frischer Ingwer, geschält und gerieben
1 EL Garam Masala

Ich serviere das Butter Chicken immer mit 200 Gramm gegartem Reis pro Portion, was 260 Kilokalorien mehr ergibt. Auch Naan oder Roti passen gut dazu.

1 Für die Marinade alle Zutaten in einer Schüssel verrühren. Das Hähnchen hineingeben und darin wenden. Vorzugsweise über Nacht im Kühlschrank ziehen lassen.

2 Für das Hähnchen das marinierte Fleisch mit Butter und Tomaten in den Schongarer geben, umrühren und mit Salz sowie Pfeffer würzen. Auf hoher Stufe 3 Stunden oder auf niedriger Stufe 5 Stunden garen. Die Crème légère unterrühren und mit Koriander garniert servieren.

PRO PORTION 306 KCAL

Da ich Gin sehr gern trinke, liebe ich natürlich auch dieses Rezept! Zwar verdampft der Alkohol größtenteils beim Garen, doch können Sie den Gin weglassen, wenn Sie das Gericht lieber alkoholfrei genießen möchten. Es schmeckt auch dann noch absolut köstlich. Ich serviere das würzige Rind gern mit Reis, Nudeln passen jedoch ebenso gut dazu *(Rezeptfoto siehe folgende Doppelseite)*.

Würziges Rind mit Gin

FÜR 4 PORTIONEN

500 g Rindfleisch, in Streifen geschnitten
50 ml Gin
5 Knoblauchzehen, abgezogen und gehackt
2 ½ cm frischer Ingwer, geschält und gerieben
einige Frühlingszwiebeln, gehackt
½ TL Zimtpulver
½ TL Fünf-Gewürze-Pulver
1 EL Maismehl, mit 1 EL Wasser zu einer Paste verrührt
1 EL brauner Zucker
1 EL süße Chilisauce
1 EL Hoisin-Sauce
125 ml Hühnerbrühe
6 EL Sojasauce
1 Karotte, geraspelt
1 rote Paprikaschote, in Streifen geschnitten

1 Alle Zutaten bis auf Karotte und Paprika in den Schongarer geben. Umrühren. Auf hoher Stufe 2 ½ Stunden oder auf niedriger Stufe 4 Stunden garen. Karottenraspel sowie Paprikastreifen dazugeben und 15 Minuten mitgaren. Servieren.

Das würzige Rind mit Nudeln oder Reis servieren – 200 Gramm gegarter Basmatireis liefern zusätzliche 260 Kilokalorien pro Portion.

Würziges Rind mit Gin

PRO PORTION 524 KCAL

Diese Kombination aus Lammfleisch und Gewürzen schmeckt einfach himmlisch! Wer das Gericht probiert, wird kaum glauben, dass es im Schongarer zubereitet wurde – selbst anspruchsvolle Gäste kann man mit ihm beeindrucken. Genießen Sie den Duft des Fleischs und der Gewürze, der durchs Haus zieht, bevor Sie Ihre Geschmacksknospen mit diesem unglaublichen Aroma verwöhnen. Statt Lamm können Sie übrigens auch Rindfleisch verwenden.

Lamm-Rendang

FÜR 4 PORTIONEN

Ich serviere dieses Gericht mit Kartoffelwürfeln aus meiner Heißluftfritteuse oder mit Reis – 200 Gramm gegarter Reis liefern 260 zusätzliche Kilokalorien pro Portion.

500 g Lammfleisch, in Würfel geschnitten
400 ml fettreduzierte Kokosmilch aus der Dose
1 Handvoll frischer Koriander, gehackt
1 EL Kokosraspel
1 Handvoll Babymais
1 Handvoll Zuckerschoten
2 Lorbeerblätter
250 ml Rinderfond oder Fleischextrakt
2 EL Maismehl, mit 1 EL Wasser zu einer Paste verrührt
Pfeffer

Für die Rendang-Currypaste

1 TL Zitronengraspaste
2 TL geriebener Knoblauch
1 rote Chilischote
1 TL gemahlener Koriander
1 TL gemahlener Kreuzkümmel
1 TL gemahlene Kurkuma
1 TL Salz
3 EL Olivenöl
1 Lorbeerblatt
1 rote Zwiebel oder Schalotte, abgezogen und gehackt
Saft von 1 Limette oder 3 Kaffirlimettenblätter
2 ½ cm frischer Ingwer, geschält und gerieben

1 Alle Zutaten für die Rendang-Currypaste in der Küchenmaschine zu einer glatten Masse verarbeiten. Alternativ die Zutaten fein hacken und in den Schongarer geben.

2 Die Rendang-Currypaste mit den restlichen Zutaten außer dem Pfeffer in den Schongarer geben, umrühren und mit Pfeffer würzen. Alles auf hoher Stufe 3 ½ Stunden garen. Die Lorbeerblätter herausnehmen und entsorgen und das Lamm-Rendang servieren.

PRO PORTION 297 KCAL

Ein Rindfleischgericht wie dieses habe ich erstmals in einem chinesischen Restaurant in Swansea probiert – und konnte kaum glauben, wie gut es schmeckt! Ganz besonders an diesem Rezept mag ich den Pak Choi. Wählen Sie auf jeden Fall eine qualitativ hochwertige Sojasauce, denn nur sie verleiht dem Gericht sein typisches Aroma.

Geschmortes Rindfleisch mit Sojasauce und Pilzen

FÜR 4 PORTIONEN

500 g Rindfleisch, in Streifen geschnitten
5 Knoblauchzehen, abgezogen und in Scheiben geschnitten
10 Champignons, geviertelt
2 ½ cm frischer Ingwer, geschält und gerieben
1 Zwiebel, abgezogen und in dicke Scheiben geschnitten
1 EL Maismehl, mit 1 EL Wasser zu einer Paste verrührt
3–4 EL dunkle Sojasauce
1 TL chinesischer Reiswein
1 EL Hoisin-Sauce
1 TL Mirin
250 ml Hühnerbrühe
4 Köpfe Pak Choi, gehackt

1 Alle Zutaten bis auf den Pak Choi in den Schongarer geben. Umrühren. Auf hoher Stufe 2 ½ bis 3 Stunden oder auf niedriger Stufe 5 bis 6 Stunden garen. Den Pak Choi dazugeben und 7 Minuten mitgaren. Servieren.

Mit 150 Gramm gegartem Basmatireis serviert, hat das Gericht pro Portion 195 Kilokalorien mehr.

PRO PORTION
590
KCAL

Diese schnell zuzubereitende und kalorienarme Version eines meiner Lieblingsgerichte vom Chinesen um die Ecke ist bei meinen Followern ausgesprochen beliebt – vielleicht sind die Nudeln mit Honig, Chili und Rindfleisch sogar das beliebteste Rezept, das ich je online geteilt habe.

Nudeln mit Honig, Chili und Rindfleisch

FÜR 3 PORTIONEN

400 g Rindfleisch, in Streifen geschnitten
4 EL dunkle Sojasauce
5 EL helle Sojasauce
2 TL Reisessig
5 Knoblauchzehen, abgezogen und fein gehackt
2 EL Hoisin-Sauce
3 EL Orangensaft, frisch gepresst
4 EL Honig
2 TL Chiliflocken
1 EL Maismehl, mit 1 EL Wasser zu einer Paste verrührt
1 rote Paprikaschote, in Streifen geschnitten
200 g Eiernudeln
350 ml heiße Hühnerbrühe
gehackte Frühlingszwiebeln und Sesamsamen zum Garnieren

1 Alle Zutaten bis auf die Paprikastreifen, die Nudeln, die Hühnerbrühe, die Frühlingszwiebeln und die Sesamsamen in den Schongarer geben. Umrühren und alles auf hoher Stufe 2 Stunden garen. Paprikastreifen, Nudeln sowie Brühe dazugeben, umrühren und alles weitere 15 bis 20 Minuten garen; dabei nach 10 Minuten noch einmal umrühren. Mit Frühlingszwiebeln und Sesamsamen bestreut servieren.

PRO PORTION
394
KCAL

Technisch gesehen müssen die Gewürze für ein Curry, das als Bhuna bezeichnet wird, gebraten werden, doch ich habe bei diesem Rezept etwas gemogelt, sodass alles im Schongarer zubereitet werden kann. Statt Lammfleisch können Sie auch Hähnchen oder Rind nehmen, das schmeckt ebenfalls fantastisch. Da das Curry keine Sahne, nur etwas Öl enthält, ist es sehr gesund. Noch mehr Kalorien sparen Sie, wenn Sie weniger Öl als angegeben verwenden. Und für mehr Portionen lässt es sich ohne Weiteres mit Gemüse oder Linsen pimpen.

Lamm-Bhuna

FÜR 4 PORTIONEN

400 g Lammfleisch, gewürfelt
400 g gehackte Tomaten aus der Dose
Salz und Pfeffer

Für die Bhuna-Currypaste
1 Zwiebel, abgezogen und gehackt
einige Frühlingszwiebeln, gehackt
1 rote oder grüne Chilischote, in Ringe geschnitten
1 Handvoll frischer Koriander, gehackt
4 Knoblauchzehen, abgezogen und fein gehackt
2 ½ cm frischer Ingwer, geschält und gerieben
1 TL Currypulver
1 TL Zimtpulver
1 TL gemahlene Kurkuma
1–2 Curryblätter
3 EL Oliven- oder Rapsöl

Zu diesem Gericht passt Reis oder Naan-Brot ausgezeichnet.

1 Alle Zutaten für die Bhuna-Currypaste in der Küchenmaschine zu einer glatten Masse verarbeiten. Alternativ die Zutaten fein hacken und in den Schongarer geben.

2 Die Currypaste mit dem gewürfelten Lammfleisch und den gehackten Tomaten in den Schongarer geben, umrühren und mit Salz sowie Pfeffer würzen. Auf niedriger Stufe 7 bis 8 Stunden garen und servieren.

PRO PORTION **329** KCAL

Auch das Honig-Sesam-Rindfleisch gehört zu meinen Lieblingsgerichten, die ratzfatz auf dem Tisch stehen – einfach alle Zutaten in den Schongarer geben und zur Essenszeit nur noch den Reis kochen. Wenn ich es sehr eilig habe, verwende ich auch mal Reis im Kochbeutel, den ich in der Mikrowelle zubereite. Statt Rind können auch Hähnchen und Schweinefleisch verwendet werden. Der Honig verleiht der Sauce Süße und dickt sie an, sodass weniger Maismehl notwendig ist.

Honig-Sesam-Rindfleisch

FÜR 4 PORTIONEN

400 g Rindfleisch, in Würfel geschnitten
5 Knoblauchzehen, abgezogen und gehackt
1 rote Zwiebel, abgezogen und gehackt
einige Frühlingszwiebeln, gehackt
1 TL Chilipulver (optional)
6 EL Sojasauce
5 EL Honig
1 TL Fünf-Gewürze-Pulver
250 ml Hühnerbrühe
1 EL Sesamöl
1 EL Maismehl, mit 1 EL Wasser zu einer Paste verrührt
1 rote Paprikaschote, in Streifen geschnitten
Sesamsamen und weitere gehackte Frühlingszwiebeln zum Garnieren

1 Alle Zutaten bis auf Paprikastreifen, Sesamsamen und Frühlingszwiebeln zum Garnieren in den Schongarer geben. Umrühren. Auf hoher Stufe 3 Stunden oder auf niedriger Stufe 5 Stunden garen. Die Paprikastreifen dazugeben und 15 Minuten mitgaren. Mit Sesamsamen und gehackten Frühlingszwiebeln garniert servieren.

Ich serviere das Honig-Sesam-Rindfleisch gern mit Reis – bei 200 Gramm gegartem Reis pro Portion sind das 260 Kilokalorien mehr.

PRO PORTION 501 KCAL

Sie haben keine Lust auf den gewöhnlichen Sonntagsbraten? Dann probieren Sie es doch einmal mit dieser Rinderbrust, die mit einer köstlichen Gewürzmischung im Schongarer vor sich hin schmort. Zu diesem saftigen, in Fasern zerfallenden Fleisch passt einfacher Reis ganz ausgezeichnet. Andererseits ist das Gericht aber auch so vielseitig, dass es auf vielerlei Weisen serviert werden kann *(siehe unten)*.

Exotische Rinderbrust

FÜR 6 PORTIONEN

1 kg Rinderbrust
300 ml Rotwein
1 rote Chilischote
300 ml Rinderbrühe
1 Sternanis
1 TL Zimtpulver
2 ½ cm frischer Ingwer, geschält und gerieben
2 TL Fünf-Gewürze-Pulver
1 TL getrocknetes Basilikum
1 EL Hoisin-Sauce
5 EL Honig
1 TL brauner Zucker
1 Knoblauchknolle, abgezogen und gehackt
6 EL Sojasauce
1 TL Currypulver
frischer Koriander und rote Chilischotenringe zum Garnieren

1 Eine antihaftbeschichtete Pfanne bei hoher Temperatur erhitzen und die Rinderbrust darin rundum scharf anbraten. Die restlichen Zutaten bis auf Koriander und Chilischotenringe zum Garnieren in den Schongarer geben, umrühren und das Fleisch darin wenden. Alles auf hoher Stufe 7 Stunden garen. Das Fleisch mit zwei Gabeln auseinanderzupfen und mit Koriander sowie Chili garniert servieren.

Dazu passen scharfe Röstkartoffeln, gebratener Reis und gebratene Nudeln. Oder Sie füllen Bao-Brötchen oder Pita-Brot mit dem köstlichen Fleisch.

PRO PORTION 487 KCAL

Diese mit Zitronengras aromatisierten Nudeln schmecken einfach fantastisch und eignen sich perfekt für ein leichtes Sommermittagessen. Ich liebe das »saubere«, frische Aroma von Zitronengras, das mich immer an meine Reisen durch Asien erinnert. Schließen Sie beim Essen die Augen und stellen Sie sich vor, Sie seien ganz weit weg …

Nudeln mit Zitronengras und Hähnchen

FÜR 4 PORTIONEN

3 Hähnchenbrustfilets, in mundgerechte Stücke geschnitten
400 ml fettreduzierte Kokosmilch aus der Dose
abgeriebene Schale von 2 Bio-Limetten
1 EL dunkle Sojasauce
4 Knoblauchzehen, abgezogen und fein gehackt
1 TL gemahlener Ingwer
2 Stiele Zitronengras
Saft von 1 Zitrone
2 EL Honig
1 rote Chilischote, in Ringe geschnitten
2 EL Reisessig
1 EL Currypulver
1 Handvoll Babymais
1 Handvoll Zuckerschoten
200 g breite Reisnudeln, nach Packungsanleitung gegart
frischer Koriander, Bio-Limettenscheiben und gehackte Erdnüsse zum Garnieren

1 Alle Zutaten bis auf Nudeln, Koriander, Limettenscheiben und Erdnüsse in den Schongarer geben. Umrühren. Auf hoher Stufe 3 Stunden garen. Die gekochten Nudeln unterheben und mit Koriander, Limettenscheiben sowie gehackten Erdnüssen garniert servieren.

Um die Nudeln im Schongarer zu garen, ist zu wenig Flüssigkeit vorhanden. Wer alles in einem Topf zubereiten will, gibt zu Beginn noch 1 Dose Kokosmilch dazu.

PRO PORTION
275
KCAL

Von diesem Rezept bin ich besessen – und wenn ich besessen sage, dann meine ich auch: besessen! In dieser Suppe tummeln sich so viele herrliche Aromen, die sich durch die Zubereitung im Schongarer besonders gut entfalten. Die Rinder-Pho lässt sich gut vorbereiten, braucht aber auch unter der Woche nicht viel Zeit. Durch die Nudeln ist die Suppe sättigender als andere Suppengerichte.

Rinder-Pho aus Vietnam

FÜR 4 PORTIONEN

- 400 g Rindfleisch, in Streifen geschnitten
- einige Frühlingszwiebeln, gehackt
- 1 Zimtstange
- 2 ½ cm frischer Ingwer, geschält und gerieben
- abgeriebene Schale und Saft von 1 Bio-Limette
- 1 EL Hoisin-Sauce
- 1 Sternanis
- 4 Knoblauchzehen, abgezogen und in Scheiben geschnitten
- 900 ml Rinderbrühe
- 1 rote Chilischote, entkernt und gehackt
- Salz und Pfeffer
- 200 g Reisnudeln
- frischer Koriander und Bio-Limettenspalten zum Garnieren

1 Eine antihaftbeschichtete Pfanne bei hoher Temperatur erhitzen und das Fleisch sowie die Frühlingszwiebeln etwa 1 Minute rundum darin anbraten. Wer es eilig hat, überspringt diesen Zubereitungsschritt.

2 Fleisch und Frühlingszwiebeln mit den restlichen Zutaten bis auf Salz, Pfeffer, Nudeln, Koriander und Limettenspalten in den Schongarer geben, umrühren und mit Salz sowie Pfeffer würzen. Auf hoher Stufe 1 ¼ Stunde garen. Die Nudeln unterrühren und 20 Minuten mitgaren; dabei noch einmal nach 10 Minuten umrühren. Zimtstange sowie Sternanis entfernen und entsorgen und die Rinder-Pho mit frischem Koriander sowie Limettenspalten garniert servieren.

PRO BURGER 331 KCAL

Ich entdeckte den Sloppy Joe – eine Art Hackfleischburger –, als ich mich fragte, was ich mit übrig gebliebener Bolognesesauce anfangen sollte, und herausgekommen ist dieses Rezept. Es kommt immer großartig bei Gästen an – toll gewürztes Rindfleisch in einem Burgerbrötchen mit Zwiebeln und Gurkenscheiben, so sloppy, so lecker, so sättigend und dabei mit so wenig Kalorien.

Sloppy Joe

FÜR 8 BURGER

- 800 g mageres Rinderhackfleisch
- 4 Knoblauchzehen, abgezogen und fein gehackt
- 1 grüne Paprikaschote, fein gehackt
- 1 EL Worcestershiresauce
- 700 g passierte Tomaten oder 400 g gehackte Tomaten aus der Dose
- 5 EL Ketchup
- 1 TL Chilisauce
- 1 Zwiebel, abgezogen und gehackt
- 1 EL brauner Zucker
- 1 EL Dijonsenf
- 1 EL italienische Gewürzmischung
- Salz und Pfeffer
- 8 Burgerbrötchen
- rote Zwiebelscheiben und Gewürzgurkenscheiben zum Servieren

Käseliebhaber belegen den Sloppy Joe noch mit 1 Scheibe Cheddar.

1 Eine antihaftbeschichtete Pfanne bei hoher Temperatur erhitzen und das Fleisch darin krümelig braten. Ausgetretenes Fett abgießen.

2 Das Fleisch mit den restlichen Zutaten bis auf Salz, Pfeffer, Brötchen, Zwiebel- und Gurkenscheiben in den Schongarer geben, umrühren und mit Salz sowie Pfeffer würzen. Auf hoher Stufe 3 Stunden oder auf niedriger Stufe 4 bis 5 Stunden garen. In den Brötchen mit Zwiebel- sowie Gurkenscheiben garniert servieren.

Abendessen unter der Woche

PRO PORTION 591 KCAL

Die Nudeln sind von Hähnchen-Fajitas inspiriert, die ich liebe. Der Schlüssel zur erfolgreichen Zubereitung von Pasta im Schongarer ist, die Nudeln während des Garens nur ein- oder zweimal umzurühren, damit sie ihre Form behalten. Wenn Sie es eilig haben, können Sie statt der getrockneten Gewürze auch eine gekaufte Fajita-Gewürzmischung verwenden.

Texmex-Pasta mit Hähnchen

FÜR 4 PORTIONEN

3 Hähnchenbrustfilets, in mundgerechte Stücke geschnitten
1 TL getrockneter Oregano
1 TL gemahlener Kreuzkümmel
1 TL Chilipulver
1 EL Paprikapulver
5 Knoblauchzehen, abgezogen und fein gehackt
1 Zwiebel, abgezogen und gehackt
800 g gehackte Tomaten aus der Dose
Salz und Pfeffer
½ rote Paprikaschote, gehackt
150 g Sauerrahm
300 g Penne
200 ml heiße Hühnerbrühe
100 g geriebener Cheddar
frischer Koriander zum Garnieren

1 Fleisch, Oregano, Gewürze, Knoblauch, Zwiebel und Tomaten in den Schongarer geben, umrühren und mit Salz sowie Pfeffer würzen. Auf hoher Stufe 3 Stunden garen. Paprika, Sauerrahm, Nudeln und Brühe dazugeben, umrühren und alles weitere 50 Minuten garen. Den Cheddar unterrühren und mit frischem Koriander garniert servieren.

Ich serviere die Nudeln gern mit etwas Guacamole und extra Sauerrahm – für die Mega-Fajita-Vibes. Mein Rezept für Guacamole finden Sie auf Seite 87.

PRO PORTION 595 KCAL

Nudeln gehen immer, deshalb habe ich dieses wirklich einfache Rezept für einen Nudelauflauf entwickelt, der auch noch gesund ist, weil er relativ wenige Kalorien, dafür aber Gemüse enthält. Ich bin mir sicher, dass das One-Pot-Gericht bald auch zu Ihren Lieblingsspeisen zählen wird. Und ob Sie es glauben oder nicht: Statt Crème fraîche können Sie ohne Weiteres auch Hühnersuppe aus der Dose verwenden.

Nudelauflauf mit Hähnchen und Brokkoli

FÜR 4 PORTIONEN

3 Hähnchenbrustfilets, in mundgerechte Stücke geschnitten
1 Handvoll frische Petersilie, gehackt
1 TL Paprikapulver
1 EL italienische Gewürzmischung
1 TL Muskatnuss, frisch gerieben
1 TL geriebener Knoblauch
1 Zwiebel, abgezogen und gehackt
900 ml heiße Hühnerbrühe
Salz und Pfeffer
1 große Handvoll Baby-Brokkoli, grob gehackt
350 g Penne
2 EL Crème fraîche
1 kleine Handvoll Semmelbrösel
1 kleine Handvoll geriebener Parmesan
70 g geriebener Mozzarella

1 Fleisch, Petersilie, Gewürze, Knoblauch, Zwiebel und 300 Milliliter Hühnerbrühe in den Schongarer geben, umrühren und mit Salz sowie Pfeffer würzen. Auf hoher Stufe 2 Stunden garen. Brokkoli, Nudeln und restliche Brühe dazugeben, umrühren und alles weitere 45 Minuten garen.

2 Die Crème fraîche unterrühren und alles mit Semmelbröseln, Parmesan sowie Mozzarella bestreuen. Weitere 10 Minuten garen, bis der Käse geschmolzen ist. Wer einen ofenfesten Schongarertopf hat, stellt diesen zum Schluss ohne Deckel für 7 bis 10 Minuten in den auf 180 °C vorgeheizten Backofen, um den Auflauf knusprig braun zu überbacken.

PRO PORTION 340 KCAL

Zarter, beinahe von selbst auseinanderfallender Lachs in einer duftenden Kokossauce – da läuft einem wirklich das Wasser im Munde zusammen. Wichtig bei diesem Rezept ist, nicht umzurühren, damit das Lachsfilet in einem Stück bleibt. Ich liebe dieses Gericht und weiß, dass Sie es ebenfalls lieben werden. Vielleicht beeindrucken Sie damit ja sogar wählerische Esser, die um Fisch normalerweise einen großen Bogen machen würden.

Kokoslachs

FÜR 4 PORTIONEN

360 g Lachsfilet oder 4 Lachsfilets à 90 g
400 ml fettreduzierte Kokosmilch aus der Dose
1 Handvoll frische Basilikumblätter
2 EL thailändische rote Currypaste
1 EL Currypulver
Saft von 1 Limette
1 Handvoll frischer Koriander
5 cm frischer Ingwer, geschält und gerieben
4 Knoblauchzehen, abgezogen und fein gehackt
1 TL Chilipulver
Salz und Pfeffer
Bio-Zitronenscheiben und frische Basilikumblätter zum Garnieren

Dazu passt ein Salat, Couscous oder Reis. 100 Gramm gegarter Couscous liefern 112 zusätzliche Kilokalorien pro Portion.

1 Eine antihaftbeschichtete Pfanne bei hoher Temperatur erhitzen und den Lachs mit der Hautseite nach unten in 30 bis 60 Sekunden darin knusprig anbraten.

2 Den Lachs mit den restlichen Zutaten bis auf Salz, Pfeffer, Zitronenscheiben und Basilikumblätter zum Garnieren in den Schongarer geben und mit Salz sowie Pfeffer würzen. Auf niedriger Stufe 3 bis 4 Stunden garen (bei kleinen Filets nur 2 Stunden). Mit Zitronenscheiben und Basilikumblättern garniert servieren.

PRO PORTION
438
KCAL

Ich habe nicht nur eine Leidenschaft für Risotto, sondern auch für Halloween, und deshalb bereite ich an Halloween immer einen köstlichen Kürbisrisotto zu. Sie müssen damit natürlich nicht bis zum nächsten Gruselfest warten, denn Kürbisse gibt es im Supermarkt praktisch rund ums Jahr zu kaufen. Für dieses Rezept würde ich Butternut-Kürbis empfehlen, doch wer sich das Schälen sparen will, nimmt Hokkaido. Dieser Risotto ist zwar leicht, macht aber trotzdem richtig satt.

Kürbisrisotto

FÜR 4 PORTIONEN

1 kg Butternut-Kürbis, geschält und in mundgerechte Stücke geschnitten
1 EL Öl
1 EL Honig
Salz und Pfeffer
1 Zwiebel, abgezogen und gehackt
4 Knoblauchzehen, abgezogen und gehackt
1 TL getrockneter Salbei
1 TL Muskatnuss, frisch gerieben
300 g Risottoreis, z. B. Arborio
1,3 l Gemüsebrühe
60 g geriebener Parmesan
gehackte Pekannüsse und Parmesanspäne zum Garnieren

1 Den Backofen auf 180 °C vorheizen. Kürbis, Öl sowie Honig in eine Schüssel geben und vermengen. Mit Salz und Pfeffer würzen. Den Kürbis auf einem Backblech verteilen und 25 Minuten im Ofen rösten.

2 Gerösteten Kürbis, Zwiebel, Knoblauch, Salbei, Muskat, Risottoreis und Gemüsebrühe in den Schongarer geben, umrühren und noch einmal mit Salz sowie Pfeffer würzen. Auf hoher Stufe 2 Stunden garen, dabei immer wieder umrühren, bis der Reis fast die gesamte Brühe aufgesogen hat.

3 Den geriebenen Parmesan unterrühren und den Kürbisrisotto mit gehackten Pekannüssen sowie Parmesanspänen garniert servieren.

PRO PORTION 535 KCAL

Kartoffeln und Knoblauch ist meiner Meinung nach eine Verbindung, die im Himmel geschlossen wurde. Dazu noch mit Cajun-Gewürzmischung veredelte Hühnerschenkel und eine buttrige Parmesansauce, und das Ganze ist nicht mehr zu toppen. Beim Gedanken an Hähnchenfleisch, das vom Knochen in die nach Knoblauch duftende Garflüssigkeit fällt, läuft mir das Wasser im Munde zusammen.

Knoblauch-Parmesan-Hähnchen mit Kartoffeln

FÜR 4 PORTIONEN

8–10 Hähnchenoberkeulen
Salz und Pfeffer
1 EL Cajun-Gewürzmischung
500 g Frühkartoffeln, mit Schale gewürfelt
70 g geriebener Parmesan + etwas mehr zum Bestreuen
6 Knoblauchzehen, abgezogen und fein gehackt
150 g (fettarme) Butter
2 Zweige frischer Rosmarin
1 TL getrockneter Oregano
1 Handvoll frische Petersilie, gehackt + etwas mehr zum Garnieren
1 Bio-Zitronenscheibe
1 EL Maismehl, mit 1 EL Wasser zu einer Paste verrührt

Zu diesem sommerlichen Gericht passen Couscous und ein Salat. Es schmeckt noch besser, wenn man es draußen in der Sonne genießen kann.

1 Das Fleisch mit Salz, Pfeffer und der Cajun-Gewürzmischung würzen. Eine antihaftbeschichtete Pfanne bei hoher Temperatur erhitzen und das Fleisch etwa 2 Minuten scharf darin anbraten, bis es rundum gebräunt ist.

2 Die Kartoffelwürfel in den Schongarer geben und mit Salz, Pfeffer, der Hälfte des Parmesans und dem Knoblauch bestreuen. Die Butter in Flöckchen daraufsetzen und den Rosmarin sowie das Fleisch darauflegen. Mit dem restlichen Parmesan, dem Oregano und der Petersilie bestreuen. Die Zitronenscheibe dazugeben und die Maismehlpaste unterrühren; Letztere dickt die Sauce etwas an. Alles auf hoher Stufe 4 Stunden garen.

3 Mit weiterem Parmesan bestreut und mit Petersilie garniert servieren. Ich esse dazu gern gedämpfte grüne Bohnen.

PRO PORTION 203 KCAL

Ratatouille ist ein traditionelles französisches Gericht, das in erster Linie diejenigen zubereiteten, die sich kein Fleisch leisten konnten. Doch was als Eintopf für Arme begann, hat sich mit der Zeit zu einem eleganten Gemüsegericht gemausert, das in vielen Restaurants auf der Speisekarte steht. Ich persönlich liebe es: Durch das viele Gemüse ist die Ratatouille leicht, macht aber lange satt. Zudem bietet sie eine ausgezeichnete Möglichkeit, Gemüse, das schon länger im Kühlschrank oder Vorratsschrank liegt, aufzubrauchen.

Ratatouille

FÜR 4 PORTIONEN

2 Paprikaschoten nach Wahl, in Streifen geschnitten
2 Zucchini, in mundgerechte Stücke geschnitten
2 Auberginen, in mundgerechte Stücke geschnitten
2 rote Zwiebeln, abgezogen und gehackt
1 EL Olivenöl
4 Knoblauchzehen, abgezogen
400 g gehackte Tomaten aus der Dose
700 g passierte Tomaten
1 Handvoll Kirschtomaten, halbiert
2 Zweige frischer Rosmarin
2 Stiele frischer Thymian
2 EL qualitativ hochwertiger Aceto balsamico
frisches Basilikum zum Garnieren

1 Paprikastreifen, Zucchini, Auberginen, Zwiebeln, Olivenöl, Knoblauch, Tomaten, Rosmarin, Thymian und Aceto balsamico in den Schongarer geben, umrühren und auf hoher Stufe 3 ½ Stunden oder auf niedriger Stufe 6 Stunden garen. Mit frischem Basilikum garniert servieren.

Zur Ratatouille passen ein Beilagensalat und Nudeln. Oder Sie servieren sie nur mit etwas knusprigem frischem Brot, mit dem Sie die köstliche Sauce auftunken können.

PRO PORTION **370** KCAL

Dieses Gericht ist so einfach zuzubereiten, dass ich mich fast nicht traue, hier von einem Rezept zu sprechen. Nennen wir es Lifehack und Abkürzung für alle, die einen langen, anstrengenden Arbeitstag hinter sich haben. Doch auch als Mittagessen im Homeoffice eignet sich die gebackene Kartoffel ausgezeichnet: Einfach morgens in den Schongarer geben und mittags nur noch genießen. Bei den Toppings sind Ihrer Fantasie natürlich keinerlei Grenzen gesetzt.

Gebackene Kartoffel

FÜR 4 PORTIONEN

4 große Kartoffeln
3 EL Öl
Meersalzflocken und Pfeffer
Butter
50 g Cheddar (optional)
gehackte Frühlingszwiebeln oder Schnittlauchröllchen als Topping

1 Die Kartoffeln mit einer Gabel rundum einstechen und jeweils auf ein quadratisches Stück Alufolie legen.

2 Mit etwas Öl beträufeln und mit Meersalzflocken sowie Pfeffer würzen.

3 Die Kartoffeln in die Folie wickeln.

4 Die in Alufolie gewickelten Kartoffeln in den Schongarer legen und auf hoher Stufe 5 bis 6 Stunden garen.

5 Die Kartoffeln herausnehmen, aus der Folie wickeln, aufschneiden und mit Butter, Käse sowie gehackten Frühlingszwiebeln garniert servieren.

PRO PORTION
458
KCAL

Ich esse im Grunde alles gern, was Erdnussbutter enthält. Doch darüber hinaus verleihen Limette, Chili und Currypulver diesem Gericht seine unvergleichlichen Aromen, und der lange Zubereitungsprozess bei niedrigen Temperaturen macht das Hähnchenfleisch einfach sagenhaft zart. Ich koche das Hähnchen-Erdnuss-Curry häufig für meine Freunde, die es ebenfalls sehr mögen. Wer die Sauce dicker möchte, gibt die als optional gekennzeichnete Maismehlpaste dazu.

Hähnchen-Erdnuss-Curry

FÜR 3 PORTIONEN

- 3 Hähnchenbrustfilets, in mundgerechte Stücke geschnitten, oder 6 Hähnchenoberkeulen
- Saft von 1 Limette
- 4 EL Erdnussbutter
- 1 Handvoll frischer Koriander
- 4 Knoblauchzehen, abgezogen und fein gehackt
- 1 EL Currypulver
- 400 ml fettreduzierte Kokosmilch aus der Dose
- 2 EL Sojasauce
- 1 rote Vogelaugen-Chilischote
- 1 EL Maismehl, mit 1 EL Wasser zu einer Paste verrührt (optional)
- Salz und Pfeffer
- gehackte Frühlingszwiebeln, gehackte Erdnüsse, rote Chiliringe und frischer Koriander zum Garnieren

1 Alle Zutaten bis auf Salz, Pfeffer, Frühlingszwiebeln, Erdnüsse, Chiliringe und Koriander zum Garnieren in den Schongarer geben, umrühren und mit Salz sowie Pfeffer würzen. Auf hoher Stufe 3 bis 4 Stunden oder auf niedriger Stufe 6 bis 7 Stunden garen. Mit Frühlingszwiebeln, gehackten Erdnüssen, Chiliringen und frischem Koriander garniert servieren.

Mit 150 Gramm gegartem Reis serviert, hat das Gericht pro Portion rund 200 Kilokalorien mehr.

PRO PORTION 365 KCAL

Es ist längst kein Geheimnis mehr, dass Ente und Orange perfekt zueinanderpassen, und dieses Rezept wird nun auch diejenigen überzeugen, die hinsichtlich der Kombination noch skeptisch waren. Die Ente mit Soja und Orange ist einfach zuzubereiten und schmeckt fantastisch. Wer die Sauce dicker mag, gibt die als optional gekennzeichnete Maismehlpaste dazu.

Ente mit Soja und Orange

FÜR 4 PORTIONEN

4 Entenbrüste
Salz und Pfeffer
1 große Bio-Orange, in Scheiben geschnitten
4 EL dunkle Sojasauce
4 EL Honig
1 TL gemahlener Ingwer
1–2 EL Maismehl, mit 1 EL Wasser zu einer Paste verrührt (optional)
4 Knoblauchzehen, abgezogen und fein gehackt
200 ml Orangensaft, frisch gepresst
1 TL Chilipulver
rote Chiliringe zum Garnieren (optional)

Mit Reis, Kartoffeln oder einem Salat servieren. Mit 200 Gramm gegartem Reis hat das Gericht pro Portion 260 Kilokalorien mehr.

1 Mit einem scharfen Messer die Haut der Entenbrüste kreuzförmig einritzen. Das Fleisch anschließend mit Salz und Pfeffer würzen. Eine antihaftbeschichtete Pfanne bei hoher Temperatur erhitzen und die Entenbrüste mit der Hautseite nach unten in etwa 4 Minuten darin knusprig anbraten.

2 Die Orangenscheiben in den Schongarer legen, das Fleisch darauflegen, die restlichen Zutaten bis auf die Chiliringe dazugeben und alles auf niedriger Stufe 2 bis 3 Stunden garen. Ich mag das Fleisch gern, wenn es in der Mitte noch leicht rosa ist, es kann aber natürlich auch länger gegart werden. Mit den Chiliringen garniert servieren.

PRO PORTION **257** KCAL

Ich könnte Currys jeglicher Couleur an jedem Abend in der Woche essen, ich bin regelrecht süchtig danach. Das Hähnchencurry mit Kokos und Limette erinnert an thailändische grüne Currys, es ist schnell zubereitet und hat wenig Kalorien. Ich versuche immer wieder, Gerichte aus meiner Zeit in Thailand nachzukreieren; vielleicht gelingt mir das nicht immer hundertprozentig, nicht geschmeckt hat es aber noch nie.

Hähnchencurry mit Kokos und Limette

FÜR 4 PORTIONEN

3 Hähnchenbrustfilets, in mundgerechte Stücke geschnitten
1 Zwiebel, abgezogen und gehackt
5 Knoblauchzehen, abgezogen und gehackt
2 ½ cm frischer Ingwer, geschält und gerieben
400 ml fettreduzierte Kokosmilch aus der Dose
1 TL Zwiebelsalz
1 TL gemahlener Koriander
abgeriebene Schale und Saft von 1 Bio-Limette
2 Lorbeer- oder Curryblätter
1 Kaffirlimettenblatt
1 EL Maismehl, mit 1 EL Wasser zu einer Paste verrührt
1 rote Chilischote, in Ringe geschnitten (optional)
Salz und Pfeffer
1 Handvoll frische Basilikumblätter

1 Alle Zutaten bis auf Salz, Pfeffer und Basilikumblätter in den Schongarer geben, umrühren und mit Salz sowie Pfeffer würzen. Auf hoher Stufe 3 Stunden garen. Die Basilikumblätter dazugeben und 10 Minuten mitgaren. Servieren.

Dieses Curry serviert man am besten mit Reis, der die köstliche Sauce aufsaugen kann. Wer mag, fügt noch Zuckerschoten und Baby-Brokkoli hinzu – einfach zusammen mit dem Basilikum in den Schongarer geben.

PRO TACO
172
KCAL

Zwar bezieht sich die Kalorienangabe auf einen einzelnen Taco, doch muss ich, vielleicht zu meiner Schande, gestehen, dass ich auch alle acht Tacos auf einmal verputzen könnte. Bei diesem ultimativen Alles-rein-in-den-Topf-Rezept kommt ... äh ... einfach alles rein in den Topf. Danach müssen Sie nur noch das Joghurtdressing zubereiten – und genießen!

Tacos mit Hähnchen

FÜR 8 TACOS

500 g Hähnchenschenkel ohne Knochen, in Würfel geschnitten
1 TL Paprikapulver
1 TL Cajun-Gewürzmischung
1 TL Knoblauchgranulat
1 TL Zwiebelgranulat
1 TL getrockneter Oregano
1 TL Chilipulver
1 gehäufter EL gemahlener Kreuzkümmel
3 EL Sriracha-Sauce
1 EL Tomatenmark
Saft von 2 Limetten
2 EL Honig
Salz
8 Taco Shells
eingelegte rote Zwiebeln zum Garnieren
frischer Koriander zum Garnieren

Für das Joghurtdressing
4 EL griechischer Joghurt
Saft von 1 Zitrone
1 TL Knoblauchgranulat
Salz und Pfeffer

1 Fleisch, Gewürze, Sriracha-Sauce, Tomatenmark, Limettensaft, Honig und etwas Salz in den Schongarer geben und auf hoher Stufe 4 Stunden garen, bis das Fleisch sehr zart ist.

2 Für das Joghurtdressing Joghurt, Zitronensaft und Knoblauchgranulat in eine kleine Schüssel geben und verrühren. Mit Salz sowie Pfeffer würzen.

3 Die Fleischmischung in die Taco Shells füllen und mit Joghurtdressing beträufeln. Mit eingelegten roten Zwiebeln sowie frischem Koriander garniert servieren.

PRO PORTION
401
KCAL

Diesen italienischen Klassiker entdeckte ich in einem Londoner Restaurant und wollte ihn sofort zu Hause nachkochen. Wenn ich es eilig habe, bereite ich die Penne all'arrabbiata in einem normalen Topf auf dem Herd zu, doch ergibt die Version aus dem Schongarer ein viel aromatischeres Gericht. Noch mehr Geschmack hat es, wenn man Zwiebel und Knoblauch in etwas Öl andünstet, bevor man sie in den Schongarer gibt. Wer nur die Arrabbiata-Sauce zubereiten möchte, lässt die Nudeln und die Brühe einfach weg.

Penne all'arrabbiata

FÜR 4 PORTIONEN

800 g gehackte Tomaten aus der Dose
20 Kirschtomaten, in Scheiben geschnitten
1 Handvoll frische Basilikumblätter
100 ml Rotwein (optional)
12 Knoblauchzehen, abgezogen und in Scheiben geschnitten
1 Zwiebel, abgezogen und in Scheiben geschnitten
1 rote Chilischote, gehackt
1 TL getrockneter Oregano
1 TL getrockneter Thymian
1 Lorbeerblatt
Salz und Pfeffer
350 g Penne
200 ml heiße Gemüsebrühe
frische Basilikumblätter, gehackte sonnengetrocknete Tomaten und geriebener Parmesan zum Garnieren

1 Gehackte Tomaten, Kirschtomaten, Basilikumblätter, Rotwein, Knoblauch, Zwiebel, Chili, Oregano, Thymian und Lorbeer in den Schongarer geben, umrühren und mit Salz sowie Pfeffer würzen. Auf hoher Stufe 3 Stunden oder auf niedriger Stufe 5 bis 6 Stunden garen. Anschließend die Sauce mit dem Pürierstab glatt mixen. Penne und Brühe zur Sauce geben und alles weitere 45 bis 50 Minuten garen; dabei nach 30 Minuten noch einmal umrühren. Die Penne mit frischem Basilikum, gehackten sonnengetrockneten Tomaten und geriebenem Parmesan garniert servieren.

PRO PORTION
412
KCAL

Bei dieser Nudelsuppe mit Kokos und Hähnchen können Sie sich auf eine wirklich außergewöhnliche kulinarische Erfahrung gefasst machen, denn sie schmeckt großartig! Inspiriert ist das Rezept von den Aromen der Hähnchen-Laksa, einer südostasiatischen Suppe, die vor allem in Malaysia und Singapur weitverbreitet ist. Die Kombination aus Limette, Kokosnuss und roter Currypaste ist einfach unglaublich.

Nudelsuppe mit Kokos und Hähnchen

FÜR 6 PORTIONEN

4 Hähnchenschenkel ohne Knochen, in mundgerechte Stücke geschnitten
800 ml fettreduzierte Kokosmilch aus der Dose
Saft von 1 Limette
1 Handvoll frischer Koriander
1 gehäufter EL thailändische rote Currypaste
1 EL süße Chilisauce
1 kleine rote Chilischote, in Ringe geschnitten
1 TL Erdnussbutter
1 TL Sriracha-Sauce
einige Frühlingszwiebeln, gehackt
Salz und Pfeffer
300 g Eier- oder Reisnudeln (ich bevorzuge Reisnudeln)
350 ml heiße Hühnerbrühe
Chiliöl, gehackte Erdnüsse, frischer Koriander und Bio-Limettenspalten zum Garnieren

1 Fleisch, Kokosmilch, Limettensaft, Koriander, Currypaste, Chilisauce, Chili, Erdnussbutter, Sriracha-Sauce und Frühlingszwiebeln in den Schongarer geben, umrühren und mit Salz sowie Pfeffer würzen. Auf hoher Stufe 2 ¾ Stunden garen. Nudeln und Brühe dazugeben, nochmals umrühren und alles weitere 20 Minuten garen; dabei nach 10 Minuten ein letztes Mal umrühren. Die Nudelsuppe mit Kokos und Hähnchen mit Chiliöl beträufelt und mit gehackten Erdnüssen, frischem Koriander sowie Limettenspalten garniert servieren.

PRO PORTION
348
KCAL

Das Rinderragout gehört definitiv zu meinen allerliebsten Lieblingsgerichten aus dem Schongarer, da es wirklich unvergleichlich aromatisch schmeckt. Ihre Familie wird Sie dafür lieben! Durch die lange Garzeit bei niedriger Temperatur wird das Fleisch – nehmen Sie Rinderbrust oder einen Rostbraten – mehr als zart. Und wenn Sie statt Rinderragout ein Entenragout zubereiten wollen, verwenden Sie statt Rindfleisch einfach Entenbrüste.

Rinderragout

FÜR 6 PORTIONEN

900 g Rindfleisch
1 EL getrockneter Rosmarin
1 EL getrocknetes Basilikum
1 EL getrockneter Oregano
400 g gehackte Tomaten aus der Dose
2 EL Tomatenmark
5 Knoblauchzehen, abgezogen und fein gehackt
100 ml Rotwein
300 ml Rinderbrühe
1 Karotte, fein gehackt
1 Zwiebel, abgezogen und gehackt
Salz und Pfeffer
frisches Basilikum zum Garnieren

1 Eine antihaftbeschichtete Pfanne bei hoher Temperatur erhitzen und das Fleisch rundum darin anbraten. Die restlichen Zutaten bis auf Salz, Pfeffer und Basilikum in den Schongarer geben, umrühren, das Fleisch in der Mischung wenden und alles mit Salz sowie Pfeffer würzen. Auf hoher Stufe 7 Stunden garen. Das Fleisch mit zwei Gabeln in Stücke zupfen und mit Basilikum garniert servieren.

Mit 180 Gramm gegarten Nudeln pro Portion kommen Sie auf insgesamt 584 Kilokalorien. Sie können das Ragout auch noch mit Parmesanspänen bestreuen, wenn Sie mögen. Reste ergeben am nächsten Tag eine tolle Sandwichfüllung.

Leichte Mahlzeiten

PRO PORTION
158
KCAL

Besonders gern esse ich diese Suppe, wenn es draußen kalt und ungemütlich ist, außerdem hat sie sehr wenig Kalorien. Karotte-Koriander gehört zu meinen Lieblingskombinationen – einfach, aber wirkungsvoll. Im Winter bereite ich mir viele Suppen im Voraus zu und friere sie ein, damit ich stets etwas Wärmendes zu essen habe, wenn ich es brauche.

Karotten-Koriander-Suppe

FÜR 6 PORTIONEN

- 10 Karotten, mit Schale gehackt
- 3 Kartoffeln, mit Schale gehackt
- 2 großzügige Handvoll frischer Koriander, gehackt + etwas mehr zum Garnieren
- 1 Zwiebel, abgezogen und gehackt
- 1 TL gemahlener Koriander
- 1,3 l Gemüsebrühe
- Salz und Pfeffer

1 Karotten, Kartoffeln, frischen Koriander, Zwiebel, gemahlenen Koriander und Gemüsebrühe in den Schongarer geben, umrühren und mit Salz sowie Pfeffer würzen. Auf hoher Stufe 4 Stunden garen und die Suppe anschließend mit dem Stabmixer pürieren.

2 Die Suppe in Schalen füllen und mit frischem Koriander garniert servieren.

PRO PORTION
190
KCAL

Auch diese Suppe eignet sich perfekt, um einen im Winter so richtig durchzuwärmen. Die Süßkartoffel macht satt, doch insgesamt hat die Süßkartoffel-Kokos-Suppe ebenso wie die Karotten-Koriander-Suppe *(siehe S. 78)* erstaunlich wenige Kalorien. Übrigens kann man sie nicht nur in der kälteren Jahreszeit zubereiten – durch die Kokosmilch und das Zitronengras ist sie auch im Sommer ein erfrischender Genuss.

Süßkartoffel-Kokos-Suppe

FÜR 6 PORTIONEN

6 Süßkartoffeln, geschält und in Stücke geschnitten
1 Zwiebel, abgezogen und gehackt
1 rote Paprikaschote, in Stücke geschnitten
750 ml Gemüsebrühe
400 ml fettreduzierte Kokosmilch aus der Dose
3 Knoblauchzehen, abgezogen und gehackt
1 TL Zitronengraspaste
1 TL gemahlener Koriander
Salz und Pfeffer

1 Süßkartoffeln, Zwiebel, Paprika, Gemüsebrühe, Kokosmilch, Knoblauch, Zitronengraspaste und Koriander in den Schongarer geben, umrühren und mit Salz sowie Pfeffer würzen. Auf hoher Stufe 3 Stunden garen und die Suppe anschließend mit dem Stabmixer pürieren. In Schalen füllen und servieren.

PRO PORTION **283** KCAL

Dies ist definitiv das beliebteste Suppenrezept, das ich je gepostet habe. Ich bin ein absoluter Fan von Chorizo, der rauchige Geschmack der spanischen Paprika-Knoblauch-Wurst veredelt jedes Gericht. Wie alle meine Suppen kann auch die Chorizo-Karotten-Chili-Suppe in einem normalen Topf auf dem Herd zubereitet werden – dafür alle Zutaten 25 bis 30 Minuten köcheln lassen und die Suppe zum Schluss pürieren.

Chorizo-Karotten-Chili-Suppe

FÜR 6 PORTIONEN

170 g Chorizo, in Scheiben geschnitten
7 Karotten, mit Schale in Stücke geschnitten
3 Kartoffeln, mit Schale in Stücke geschnitten
1 rote Chilischote, in Ringe geschnitten
3 Knoblauchzehen, abgezogen und gehackt
1 EL Currypulver
1 kleine Handvoll frischer Koriander
1,2 l Gemüse- oder Hühnerbrühe
Salz und Pfeffer
Chiliflocken zum Garnieren

1 Eine antihaftbeschichtete Pfanne bei hoher Temperatur erhitzen und die Chorizoscheiben rundum darin anbraten. Wer es eilig hat, lässt diesen Zubereitungsschritt einfach weg.

2 Einige Scheiben Chorizo zum Garnieren beiseitestellen. Die restlichen Scheiben mit Karotten, Kartoffeln, Chili, Knoblauch, Currypulver, Koriander und Brühe in den Schongarer geben. Umrühren und mit Salz sowie Pfeffer würzen. Auf hoher Stufe 3 Stunden garen. Anschließend mit dem Stabmixer pürieren.

3 Die fertige Suppe in Schalen füllen und mit den beiseitegestellten Chorizoscheiben sowie Chiliflocken garniert servieren.

PRO PORTION
254
KCAL

Dieses Rezept nimmt einen ganz besonderen Platz in meinem Herzen ein, da es das erste war, das ich in meinem Online-Foodblog gepostet habe. Das war während der Pandemie, als ich den Menschen zeigen wollte, dass es mehr gibt außer Essen aus der Dose. Zum sanften Geschmack der Pastinake passen exotische Gewürze sehr gut, und die Suppe ist nicht nur kalorienarm, sondern auch ausgesprochen nahrhaft.

Exotische Pastinakensuppe

FÜR 6 PORTIONEN

10–12 kleine Pastinaken, mit Schale in Stücke geschnitten
1 Zwiebel, abgezogen und gehackt
5 Knoblauchzehen, abgezogen und gehackt
2 ½ cm frischer Ingwer, geschält und gerieben
1 TL gemahlener Kreuzkümmel
1 TL Garam Masala
1 Handvoll frischer Koriander + etwas mehr zum Garnieren
2 Handvoll getrocknete Linsen, ca. 90 g
1,5 l Gemüse- oder Hühnerbrühe
Salz und Pfeffer

1 Pastinaken, Zwiebel, Knoblauch, Ingwer, Kreuzkümmel, Garam Masala, Koriander, Linsen und Brühe in den Schongarer geben. Umrühren und mit Salz sowie Pfeffer würzen. Auf hoher Stufe 3 bis 4 Stunden oder auf niedriger Stufe 7 Stunden garen und die Suppe anschließend mit dem Stabmixer pürieren.

2 Die exotische Pastinakensuppe in Schalen füllen und mit frischem Koriander garniert servieren. Nach Belieben etwas knuspriges Brot dazu servieren.

PRO PORTION 240 KCAL

Immer dann, wenn es etwas vorzubereiten gilt, z. B. sonntags, wenn ich mich frage, was ich in der kommenden Woche zu Mittag essen soll, bereite ich diese Suppe zu. Sie ist perfektionierte Schlichtheit, und durch die Zubereitung im Schongarer bleibt auf dem Herd mehr Platz fürs Abendessen. Für noch intensiveren Geschmack röste ich die Paprika gerne an.

Paprika-Süßkartoffel-Suppe

FÜR 5 PORTIONEN

3 rote Paprikaschoten, grob gehackt
1 EL Öl
Salz und Pfeffer
6 Süßkartoffeln, geschält und in Stücke geschnitten
1 Zwiebel, abgezogen und gehackt
Saft von 1 Limette
1 rote Chilischote, in Ringe geschnitten
4 Knoblauchzehen, abgezogen und gehackt
1 EL Paprikapulver
1,1 l Gemüsebrühe
Sahne, frische Basilikumblätter und gemischte Saaten (z. B. Sesamsamen und Leinsamen) zum Garnieren

1 Den Backofen auf 180 °C vorheizen. Die Paprikastücke mit dem Öl in eine Schüssel geben und gründlich vermengen. Mit Salz sowie Pfeffer würzen. Auf einem Backblech verteilen und 20 bis 25 Minuten im Ofen rösten.

2 Die gerösteten Paprikastücke mit Süßkartoffeln, Zwiebel, Limettensaft, Chili, Knoblauch, Paprikapulver und Gemüsebrühe in den Schongarer geben. Umrühren und alles noch einmal mit Salz sowie Pfeffer würzen. Auf hoher Stufe 2 ½ bis 3 Stunden garen und die Suppe anschließend mit dem Stabmixer pürieren. In Schalen füllen und mit etwas Sahne, frischen Basilikumblättern sowie gemischten Saaten garniert servieren.

PRO PORTION **191** KCAL

Diese Suppe entdeckte ich auf der Speisekarte eines Restaurants, außerdem wurde sie mir von einem Freund empfohlen. Ich habe sie probiert – und es nicht bereut. Die herrlich grüne, ein wenig süßliche Suppe steckt voller Nährstoffe, hat dafür aber sehr wenige Kalorien. Die Birnen-Brokkoli-Suppe ist leicht, macht aber trotzdem satt.

Birnen-Brokkoli-Suppe

FÜR 6 PORTIONEN

10 Birnen, mit Schale in Stücke geschnitten
1 Zwiebel, abgezogen und gehackt
1 Kopf Brokkoli, in Röschen geteilt
4 Knoblauchzehen, abgezogen und gehackt
1 Handvoll frischer Koriander
1 l Gemüsebrühe
2 Kartoffeln, mit Schale in Stücke geschnitten
Salz und Pfeffer
Sahne und gemischte Saaten (z. B. Sesamsamen und Leinsamen) zum Garnieren

1 Birnen, Zwiebel, Brokkoli, Knoblauch, Koriander, Gemüsebrühe und Kartoffeln in den Schongarer geben, umrühren und mit Salz sowie Pfeffer würzen. Auf hoher Stufe 3 bis 4 Stunden garen und die Suppe anschließend mit dem Stabmixer pürieren. In Schalen füllen und mit etwas Sahne sowie gemischten Saaten garniert servieren.

Ich gebe für den Crunch manchmal noch einige Croûtons aus meiner Heißluftfritteuse als Topping auf die Suppe.

PRO BRÖTCHEN 325 KCAL

Zu den wunderbar weichen Brötchen, gefüllt mit herrlich mürbem Pulled Pork, passt eine pikante Avocadocreme ganz ausgezeichnet. Für das Pulled Pork verwende ich meist Schweinelende, da diese viel magerer ist als beispielsweise Schweineschulter. Statt im Brötchen können Sie das Fleisch auch einfach so oder mit anderen Kohlenhydraten Ihrer Wahl genießen.

Pulled-Pork-Brötchen mit Guacamole

FÜR 12 BRÖTCHEN

1,2 kg Schweinelende
400 g gehackte Tomaten aus der Dose
2 EL Honig
2 Knoblauchzehen, abgezogen und fein gehackt
1 TL gemahlene Kurkuma
1 TL Kashmiri-Chilipulver
1 TL Garam Masala
1 TL Currypulver
1 TL gemahlener Kreuzkümmel
1 TL geriebener Ingwer
1 Zwiebel, abgezogen und fein gehackt
Saft von ½ Zitrone
1 Handvoll frischer Koriander
Salz und Pfeffer
12 weiche Brötchen

Für die Guacamole

2 große oder 3 kleine Avocados, zerdrückt
1 Handvoll Kirschtomaten, fein gehackt
1 rote Zwiebel, abgezogen und fein gehackt
1 rote Chilischote, gehackt
6 Knoblauchzehen, abgezogen und fein gehackt
Saft von 1 Zitrone
Saft von 1 Limette
1 Handvoll frischer Koriander, gehackt

1 Die Zutaten für das Pulled Pork bis auf Salz, Pfeffer und Brötchen mit 65 Milliliter Wasser in den Schongarer geben, umrühren und mit Salz sowie Pfeffer würzen. Auf hoher Stufe 8 Stunden garen und dann das Fleisch mit zwei Gabeln zerzupfen.

2 Für die Guacamole alle Zutaten verrühren. Mit dem Pulled Pork in Brötchen füllen und genießen.

PRO PORTION **341** KCAL

Ich kenne niemanden, der dieses Pfefferhähnchen nicht mag, ich selbst würde es an einem Abend mit Freunden jederzeit im Pub bestellen. Wenn ich mich nicht täusche, kommt das Rezept ursprünglich aus Irland. Doch egal, woher es stammt: Meine kalorienarme Version aus dem Schongarer ging sofort viral, als ich sie online stellte.

Cremiges Pfefferhähnchen

FÜR 3 PORTIONEN

3 Hähnchenbrustfilets, in schmale Streifen geschnitten
1 EL schwarze Pfefferkörner
1 TL schwarzer Pfeffer, grob geschrotet
1 Zwiebel, abgezogen und in Scheiben geschnitten
1 EL Worcestershiresauce
1 TL Knoblauchgranulat
1 gehäufter EL Maismehl, mit 1 EL Wasser zu einer Paste verrührt
1 EL Dijonsenf
400 ml Hühnerbrühe
10 Champignons, geviertelt
1 EL (fettarme) Butter
1 TL getrockneter Oregano
Salz
80 g fettarmer Frischkäse
frische Petersilie, gehackt, zum Garnieren

1 Alle Zutaten bis auf Salz, Frischkäse und Petersilie in den Schongarer geben, umrühren und mit Salz würzen. Auf hoher Stufe 3 Stunden oder auf niedriger Stufe 5 Stunden garen. Den Frischkäse unterrühren und das cremige Pfefferhähnchen mit frischer Petersilie garniert servieren.

Als Beilage zu diesem Gericht wären Kartoffeln meine erste Wahl, doch auch Reis und Nudeln passen gut dazu.

PRO PORTION
287
KCAL

Hier kommt ein weiteres ungeheuer vielseitiges Rezept für in Streifen gezupftes Fleisch. Jede Menge Sauce sorgt dafür, dass das Hähnchen schön saftig bleibt, während es beim langen Garprozess auf niedriger Temperatur allmählich auseinanderfällt. Ich hoffe, mein Pulled Chicken mit Honig und Knoblauch schmeckt Ihnen ebenso gut wie mir.

Pulled Chicken mit Honig und Knoblauch

FÜR 5 PORTIONEN

- 8 Hähnchenschenkel ohne Knochen
- 4 EL Honig
- 3 EL Sriracha-Sauce
- 8 Knoblauchzehen, abgezogen und fein gehackt
- 5 EL dunkle Sojasauce
- 1 EL Hoisin-Sauce
- 1 EL Tomatenmark
- 1 EL Maismehl, mit 1 EL Wasser zu einer Paste verrührt
- Frühlingszwiebeln, gehackt, zum Garnieren

1 Fleisch, Honig, Sriracha-Sauce, Knoblauch, Sojasauce, Hoisin-Sauce, Tomatenmark und Maismehlmischung in den Schongarer geben. Umrühren. Alles auf hoher Stufe 4 bis 5 Stunden oder auf niedriger Stufe 6 bis 7 Stunden garen. Das Fleisch mit zwei Gabeln in Streifen zupfen und mit gehackten Frühlingszwiebeln garniert servieren.

Besonders gern esse ich das Pulled Chicken mit gebratenem Reis nach Singapur-Art, doch habe ich es auch schon einfach in einem weichen Brötchen serviert. So oder so schmeckt es wirklich fantastisch!

PRO PORTION **463** KCAL

Ich liebe Dal, das in Indien und Pakistan weitverbreitete Hülsenfruchtgericht, und bereite es mir immer dann zu, wenn ich mal wieder einen Veggie Day einlegen möchte. Es wird sicher auch bald zu den Lieblingsgerichten Ihrer Familie gehören. Die Zugabe von Kokosmilch macht dieses Dal köstlich cremig, doch kann sie für eine kalorienärmere Version durch gehackte Tomaten ersetzt werden. Dal passt ausgezeichnet zu Reis oder Naan-Brot. Wer keinen Veggie Day einlegen mag, kann noch etwas gegrilltes Hähnchen aufs Dal geben.

Rote-Linsen-Dal

FÜR 4 PORTIONEN

- 380 g getrocknete rote Linsen
- 400 ml fettreduzierte Kokosmilch aus der Dose
- 1 Handvoll Kirschtomaten, fein gehackt
- 4 Knoblauchzehen, abgezogen und fein gehackt
- 1 Zwiebel, abgezogen und fein gehackt
- 2 ½ cm frischer Ingwer, geschält und gerieben
- Saft von 1 Zitrone
- 1 TL gemahlene Kurkuma
- 1 TL Chiliflocken
- 1 TL gemahlener Kreuzkümmel
- 1 TL Currypulver
- 1 TL Garam Masala
- 1 Lorbeerblatt
- Salz und Pfeffer
- frischer Koriander und Frühlingszwiebeln, gehackt, zum Garnieren

1 Linsen, Kokosmilch, Tomaten, Knoblauch, Zwiebel, Ingwer, Zitronensaft und Gewürze mit 250 Milliliter kaltem Wasser in den Schongarer geben. Umrühren und mit Salz sowie Pfeffer würzen. Auf niedriger Stufe 5 bis 6 Stunden garen, noch einmal umrühren und mit frischem Koriander sowie gehackten Frühlingszwiebeln garniert servieren.

Werden die Linsen zu trocken, 1 Stunde vor Ende der Garzeit mehr Wasser zugeben (beim Kochen mit Schongarereinsätzen mindestens 500 Milliliter).

PRO PORTION
381
KCAL

Dieses köstliche Curry mit sättigenden Süßkartoffelstücken und Kichererbsen bezieht seine dezente Süße aus der Zugabe von Mangochutney. Das Gericht kommt mit jeder Menge Sauce daher, Sie können es aber noch strecken, wenn Sie mehr Gemüse und noch etwas Gemüsebrühe dazugeben.

Curry mit Kichererbsen, Süßkartoffeln und Spinat

FÜR 4 PORTIONEN

400 g gehackte Tomaten aus der Dose
400 ml fettreduzierte Kokosmilch aus der Dose
1 TL Gemüsebrühpulver
1 EL Mangochutney
1 EL Currypulver
1 EL gemahlener Kreuzkümmel
1 EL Garam Masala
1 TL Honig
4 Knoblauchzehen, abgezogen und fein gehackt
3 große Süßkartoffeln, geschält und in Stücke geschnitten
1 Zwiebel, abgezogen und in Scheiben geschnitten
1 Handvoll frischer Spinat
1 TL Erdnussbutter
1 Handvoll frischer Koriander, gehackt + etwas mehr zum Garnieren
Salz und Pfeffer
400 g Kichererbsen aus der Dose, abgegossen

1 Alle Zutaten bis auf Salz, Pfeffer und Kichererbsen in den Schongarer geben, umrühren und mit Salz sowie Pfeffer würzen. Auf hoher Stufe 2 Stunden oder auf niedriger Stufe 4 bis 5 Stunden garen. Die Kichererbsen dazugeben und 1 Stunde mitgaren. Das Curry mit frischem Koriander garniert servieren.

Dazu passt Reis. Da die Süßkartoffeln aber sehr sättigend sind, kann man das Curry auch ohne weitere Kohlenhydrate genießen.

PRO PORTION 390 KCAL

Die Kombination aus Zitrone, Knoblauch, Butter und Hähnchen ist meiner Meinung nach einfach himmlisch, und ich kenne auch niemanden, der sie nicht mag. Sie müssen das Hähnchen vorher nicht anbraten, doch wird dadurch die Haut knuspriger, bevor das Fleisch durch den langen Garprozess bei niedrigen Temperaturen dann praktisch vom Knochen fällt. Die Sauce soll buttrig und eher flüssig sein; wer sie dicker mag, gibt die optionale Maismehlmischung dazu.

Zitronen-Butter-Hähnchen

FÜR 4 PORTIONEN

10 Hähnchenoberkeulen
kalorienarmes Ölspray
1 TL Zwiebelgranulat
1 TL Knoblauchgranulat
1 TL Paprikapulver
Salz und Pfeffer
250 ml Hühnerbrühe
2 TL Chiliflocken
abgeriebene Schale von 1 Bio-Zitrone
Saft von 2 Zitronen
1 TL getrockneter Oregano
1 TL getrocknetes Basilikum
3 Knoblauchzehen, abgezogen und fein gehackt
3 EL (fettarme) Butter
1 EL Maismehl, mit 1 EL Wasser zu einer Paste verrührt (optional)
1 Handvoll frische Basilikumblätter
Bio-Zitronenscheiben zum Garnieren

Dazu passen Kartoffeln und ein Salat. Manchmal serviere ich auch Pita- oder Fladenbrot dazu, um die köstliche Sauce aufzudippen.

1 Die Hähnchenoberkeulen mit etwas Öl besprühen und anschließend in Zwiebelgranulat, Knoblauchgranulat und Paprikapulver wenden. Mit Salz sowie Pfeffer würzen. Eine antihaftbeschichtete Pfanne bei hoher Temperatur erhitzen und die Hähnchenoberkeulen mit der Hautseite nach unten in etwa 2 Minuten darin knusprig anbraten.

2 Das Fleisch mit Brühe, Chiliflocken, Zitronenschale und -saft, Oregano, getrocknetem Basilikum, Knoblauch, Butter und der Maismehlmischung in den Schongarer geben. Umrühren und alles noch einmal mit Salz sowie Pfeffer würzen. Auf hoher Stufe 3 Stunden garen. Das frische Basilikum dazugeben und 5 Minuten mitgaren. Mit Zitronenscheiben garniert servieren.

PRO PORTION
366
KCAL

Der Zitronen-Erbsen-Risotto ist einer meiner Lieblingsrisottos, und diese Version ist so einfach, dass sie im Handumdrehen auf dem Tisch steht. Endlos rühren muss man im Unterschied zum Original auch nicht. Das leichte, frische Gericht ist rund ums Jahr ein Genuss.

Zitronen-Erbsen-Risotto

FÜR 4 PORTIONEN

1 Zwiebel, abgezogen und in Scheiben geschnitten
1 EL Butter
abgeriebene Schale von 1 Bio-Zitrone
Saft von 2 Zitronen
300 g Risottoreis, z. B. Arborio
1,1 l Gemüsebrühe
1 Handvoll frische Petersilie, gehackt
4 Knoblauchzehen, abgezogen und fein gehackt
Salz und Pfeffer
400 g Erbsen aus der Dose, abgegossen, oder 250 g TK-Erbsen
Pinienkerne, Zitronenschale, frische Petersilie und geriebener Parmesan zum Bestreuen

1 Zwiebel und Butter in einen kleinen Topf geben und die Zwiebel bei niedriger Temperatur glasig dünsten.

2 Die gedünstete Zwiebel mit Zitronenschale, Zitronensaft, Reis, Gemüsebrühe, Petersilie und Knoblauch in den Schongarer geben. Umrühren und mit Salz sowie Pfeffer würzen. Auf hoher Stufe 1 ¾ Stunden garen; dabei von Zeit zu Zeit umrühren, bis der Reis fast die gesamte Brühe aufgesogen hat. Wer den Risotto etwas feuchter mag, gibt gegen Ende der Garzeit noch ein wenig Brühe dazu.

3 Die Erbsen in den Schongarer geben und 10 Minuten mitgaren. Alles noch einmal gründlich verrühren und den Risotto anschließend mit Pinienkernen, Zitronenschale, Petersilie und Parmesan bestreut servieren.

PRO PORTION **323** KCAL

Diese Hähnchenkeulen schmecken einfach himmlisch: Paprikapulver und Chiliflocken verleihen ihnen Schärfe, der Frischkäse macht sie herrlich cremig. Das simple Gericht braucht nur ganz wenig Vorbereitungszeit. Manchmal ersetze ich den Spinat durch frisches Basilikum, um eine andere Geschmacksnote hineinzubringen. Wer die Sauce gern dick mag, rührt 1 Esslöffel Maismehl mit 1 Esslöffel Wasser gemischt unter.

Cremige Paprika-Hähnchenkeulen

FÜR 4 PORTIONEN

- 8 Hähnchenoberkeulen ohne Knochen
- kalorienarmes Ölspray
- 1 ½ EL Paprikapulver
- Salz und Pfeffer
- 1 Zwiebel, abgezogen und in Scheiben geschnitten
- 1 EL italienische Gewürzmischung
- ½ TL Chiliflocken
- 3 Knoblauchzehen, abgezogen und fein gehackt
- 250 ml Hühnerbrühe
- 120 g fettarmer Frischkäse
- 1 Handvoll frischer Spinat

1 Die Hähnchenoberkeulen mit etwas Öl besprühen und in Paprikapulver wenden. Mit Salz sowie Pfeffer würzen. Eine antihaftbeschichtete Pfanne bei hoher Temperatur erhitzen und die Hähnchenoberkeulen mit der Hautseite nach unten etwa 2 Minuten braten, bis die Haut knusprig ist. Die Keulen wenden und auch auf der anderen Seite 2 Minuten braten.

2 Das Fleisch mit den restlichen Zutaten außer dem Frischkäse und dem Spinat in den Schongarer geben. Umrühren und alles noch einmal salzen und pfeffern. Auf hoher Stufe 3 Stunden garen. Frischkäse und Spinat unterrühren und servieren.

Dazu passen Reis, Kartoffeln und Nudeln. Mit 200 Gramm gegartem Reis kommen pro Portion noch 260 Kilokalorien dazu.

Für die ganze Familie

PRO PORTION 481 KCAL

Auch das Bœuf Stroganoff gehört zu meinen Lieblingsgerichten aus dem Schongarer. Die Crème légère macht es herrlich sahnig und sättigend, meine Follower lieben es einfach! Wer nicht allzu sehr auf Kalorien achten muss, kann statt der Crème légère normale Crème fraîche verwenden, doch geschmacklich kann die kalorienärmere Variante auf jeden Fall mithalten.

Bœuf Stroganoff

FÜR 4 PORTIONEN

- 500 g Rindfleisch, in Streifen geschnitten
- 1 EL Tomatenmark
- 1 EL Paprikapulver
- 1 große Handvoll frische Petersilie, gehackt
- 5 Knoblauchzehen, abgezogen und fein gehackt
- 1 EL Dijonsenf
- 1 EL Maismehl, mit 1 EL Wasser zu einer Paste verrührt
- 1 EL Worcestershiresauce
- 400 ml Rinderbrühe
- 1 Zwiebel, abgezogen und in Scheiben geschnitten
- 450 g Champignons, geviertelt oder halbiert
- Salz und Pfeffer
- 100 g Crème légère oder fettarmer Frischkäse
- gehackte Petersilie und geriebener Parmesan zum Bestreuen
- 500 g gegarte Tagliatelle

1 Alle Zutaten bis auf Salz, Pfeffer, Crème légère, Petersilie und Parmesan zum Bestreuen sowie Tagliatelle in den Schongarer geben. Umrühren und mit Salz sowie Pfeffer würzen. Auf hoher Stufe 2 Stunden oder auf niedriger Stufe 7 Stunden garen. Die Crème légère unterrühren und mit Petersilie sowie Parmesan bestreut auf den Nudeln servieren.

In der Kalorienangabe sind die Nudeln enthalten, Sie können das Gericht aber auch mit Reis servieren.

PRO PORTION 318 KCAL

Bei diesem köstlichen Gericht werden die Kidneybohnen und die dunkle Schokolade erst in der letzten Stunde Garzeit dazugegeben. So sollen die Bohnen ihre Form wahren, während die Schokolade einen süß-herben Akzent zu den Gewürzen setzt. Wenn Sie dieses Rezept ausprobiert haben, werden Sie Chili con Carne garantiert nie wieder mit Hackfleisch zubereiten.

Chili con Carne

FÜR 4 PORTIONEN

- 500 g Rindfleisch, in Würfel geschnitten
- 1 Zwiebel, abgezogen und gehackt
- 1 rote Chilischote, mit Kernen in Ringe geschnitten
- 5 Knoblauchzehen, abgezogen und fein gehackt
- 150 ml Rinderbrühe
- 400 g gehackte Tomaten aus der Dose
- 1 TL gemahlener Kreuzkümmel
- 1 TL Paprikapulver
- 1 TL Zimtpulver
- 1 TL Chilipulver
- 2 Curryblätter
- Salz und Pfeffer
- 30 g Zartbitterschokolade, gehackt
- 400 g Kidneybohnen aus der Dose, abgegossen

1 Alle Zutaten bis auf Salz, Pfeffer, Schokolade und Bohnen in den Schongarer geben. Umrühren und mit Salz sowie Pfeffer würzen. Auf niedriger Stufe 7 bis 8 Stunden garen. 1 Stunde vor Ende der Garzeit die dunkle Schokolade sowie die Kidneybohnen dazugeben. Servieren.

Das Chili con Carne mit Reis und einem Klecks Sauerrahm servieren. Da die Kidneybohnen sehr satt machen, brauchen Sie nur 150 Gramm gegarten Reis pro Portion. Sie können das Chili stattdessen aber auch in Taco Shells füllen.

PRO PORTION 440 KCAL

Im Original werden die schwedischen Fleischbällchen mit einer Mischung aus Schweine- und Rindfleisch zubereitet, in diesem Rezept verwende ich jedoch ausschließlich Rindfleisch. Noch kalorienärmer wird das Ganze mit gehacktem Putenfleisch. Auch die Sauce ist leichter als das mit Butter und Mehl hergestellte Original – der Ersatz durch Crème légère tut dem Geschmack aber absolut keinen Abbruch.

Schwedische Fleischbällchen

FÜR 3 PORTIONEN

1 TL Öl
1 große Zwiebel, abgezogen und fein gehackt
3 Knoblauchzehen, abgezogen und fein gehackt
500 g Rinderhackfleisch, idealerweise mit einem Fettgehalt von 5 %
1 Ei
100 g Semmelbrösel
Salz und Pfeffer
1 EL Dijonsenf
Saft von ½ Zitrone
3 EL Sojasauce
250 ml Hühnerbrühe
1 TL Muskatnuss, frisch gerieben
1 EL Maismehl, mit 1 EL Wasser zu einer Paste verrührt
200 g Crème légère
frischer Dill, gehackt, zum Bestreuen

1 Öl in einen kleinen Topf geben und Zwiebel sowie Knoblauch bei niedriger Temperatur darin glasig dünsten. Abkühlen lassen. Zwei Drittel der Mischung mit Hackfleisch, Ei und Semmelbröseln in eine Schüssel geben. Mit Salz sowie Pfeffer würzen und vermengen. Anschließend 12 etwa golfballgroße Fleischbällchen aus der Masse formen.

2 Eine antihaftbeschichtete Pfanne bei hoher Temperatur erhitzen und die Fleischbällchen in etwa 5 Minuten rundum darin bräunen.

3 Die Fleischbällchen mit der restlichen Zwiebelmischung und den restlichen Zutaten bis auf Crème légère und Dill in den Schongarer geben. Umrühren und alles noch einmal mit Salz sowie Pfeffer würzen. Auf hoher Stufe 3 Stunden oder auf niedriger Stufe 4 bis 5 Stunden garen. Dabei möglichst nicht umrühren, sonst fallen die Fleischbällchen auseinander. Die Crème légère unterrühren und alles weitere 10 Minuten garen. Mit gehacktem frischem Dill bestreut servieren.

Mit Kartoffeln oder Reis serviert, ergeben die schwedischen Fleischbällchen das perfekte Abendessen für die ganze Familie.

PRO PORTION **442** KCAL

Spaghetti bolognese ist eines jener Gerichte, die alle lieben – und von denen zahlreiche »Original«-Rezepte im Umlauf sind. In meinem werden die Zutaten vor der Zubereitung über Nacht mariniert, um den Geschmack noch zu steigern, oder ich gare sie, wie hier, auf niedriger Stufe sehr lange im Schongarer. Das schmeckt nicht nur viel besser als Sauce aus dem Glas, sondern enthält weder zugesetztes Öl noch zugesetzten Zucker.

Spaghetti bolognese

FÜR 4 PORTIONEN

- 500 g Rinderhackfleisch, idealerweise mit einem Fettgehalt von 5 %
- 800 g gehackte Tomaten aus der Dose
- 8 Champignons, halbiert
- 2–3 EL Tomatenmark
- 1 EL Worcestershiresauce
- 1 TL getrocknetes Basilikum
- 1 TL getrockneter Rosmarin
- 1 TL getrockneter Thymian
- 1 TL getrockneter Oregano
- 5 Knoblauchzehen, abgezogen und fein gehackt
- 1 Zwiebel, abgezogen und gehackt
- 2 Lorbeerblätter
- 100 ml Rotwein
- 250 ml Rinderfond
- Salz und Pfeffer
- 600 g gegarte Spaghetti
- frische Basilikumblätter zum Garnieren
- geriebener Parmesan zum Bestreuen (optional)

1 Eine antihaftbeschichtete Pfanne bei hoher Temperatur erhitzen und das Hackfleisch darin krümelig braten. Ausgetretenes Fett abgießen.

2 Das Fleisch mit den restlichen Zutaten bis auf Salz, Pfeffer, Nudeln, frisches Basilikum und Parmesan in den Schongarer geben. Umrühren und mit Salz sowie Pfeffer würzen. Auf hoher Stufe 3 bis 4 Stunden oder auf niedriger Stufe 6 bis 7 Stunden garen, dabei nach der Hälfte der Garzeit umrühren.

3 Die Sauce auf die Nudeln geben und mit Basilikum garniert sowie mit Parmesan bestreut servieren.

PRO PORTION
576
KCAL

Dieser traumhaften Zutatenkombination kann wohl kaum jemand widerstehen – zumal sie auch noch praktischerweise in einem einzigen Topf zubereitet wird. Eigentlich ergibt das Rezept für die Pasta mit Hähnchen, Mozzarella und Pesto drei große Portionen, die jedoch auch für eine Familie mit zwei kleineren Kindern reichen.

Pasta mit Hähnchen, Mozzarella und Pesto

FÜR 4 PORTIONEN

3 Hähnchenbrustfilets, in mundgerechte Stücke geschnitten
4 EL Basilikumpesto
3 Knoblauchzehen, abgezogen und fein gehackt
Saft von 1 Zitrone
Salz und Pfeffer
500 ml heiße Hühnerbrühe
350 g Penne
1 EL fettreduzierter Frischkäse
70 g Mozzarella, in Stücke geschnitten

1 Hähnchenbrustfilets, Pesto, Knoblauch und Zitronensaft in den Schongarer geben. Umrühren und mit Salz sowie Pfeffer würzen. Auf hoher Stufe 2 Stunden garen. Brühe und Nudeln dazugeben und alles weitere 40 Minuten garen; dabei nach 30 Minuten noch einmal umrühren. Den Frischkäse unterrühren, den Mozzarella daraufgeben und weitere 20 Minuten garen, bis der Käse geschmolzen ist.

2 Wer einen ofenfesten Schongarer hat, kann den Topf ohne Deckel noch für etwa 5 Minuten in den Ofen stellen und die Grillfunktion einschalten, damit der Käse schön bräunt.

PRO PORTION 339 KCAL

Das unschlagbare Duo Honig und Senf gehört eindeutig zu meinen liebsten Geschmackskombinationen – und in diesem Gericht kommt es besonders gut zur Geltung. Das Honig-Senf-Hähnchen ist kalorienarm, da es vollkommen ohne Öl und Butter auskommt. Wenn Sie die Sauce etwas dicker mögen, geben Sie einfach die optionale Maismehlmischung dazu.

Honig-Senf-Hähnchen

FÜR 4 PORTIONEN

4 Hähnchenbrustfilets, in größere Stücke geschnitten
4 EL Honig
2 EL grober Senf
1 EL italienische Gewürzmischung
4 Knoblauchzehen, abgezogen und fein gehackt
1 Handvoll frische Basilikumblätter
175 ml Hühnerbrühe
1 EL Maismehl, mit 1 EL Wasser zu einer Paste verrührt (optional)
Salz und Pfeffer
90 g fettarmer Frischkäse
frische Basilikumblätter zum Garnieren (optional)

1 Hähnchenbrustfilets, Honig, Senf, italienische Gewürzmischung, Knoblauch, Basilikum, Brühe und Maismehlmischung in den Schongarer geben. Umrühren und mit Salz sowie Pfeffer würzen. Auf hoher Stufe 3 Stunden garen und anschließend den Frischkäse unterrühren. Mit frischen Basilikumblättern garniert servieren.

Dazu passen Nudeln, Kartoffeln, Reis und Salat. Ich serviere das Hähnchen gern mit Brokkoli und Kartoffelbrei – 150 Gramm Kartoffelbrei ergeben pro Portion 132 Kilokalorien mehr.

PRO PORTION 388 KCAL

Der Geschmack von Hähnchen mit Oliven und Tomaten versetzt mich im Nu gedanklich ans sonnige Mittelmeer. Das Pollo Cacciatore – das Hähnchen nach Jägerart – ist ein einfaches, aber elegantes Gericht, in das sich garantiert die ganze Familie verlieben wird. Geben Sie wenn möglich die Paprika aus dem Glas erst in der letzten Stunde der Garzeit dazu, damit sie ihre Form behalten.

Pollo Cacciatore

FÜR 4 PORTIONEN

8 Hähnchenoberkeulen ohne Knochen
Salz und Pfeffer
1 TL Paprikapulver
1 EL Öl
700 g passierte Tomaten
120 g entsteinte schwarze Oliven, gehackt
1 EL italienische Gewürzmischung
1 Handvoll frische Petersilie, gehackt
abgeriebene Schale von 1 Bio-Zitrone + 1 Bio-Zitronenscheibe
1 Zwiebel, abgezogen und in Scheiben geschnitten
4 Knoblauchzehen, abgezogen und fein gehackt
5 Stiele frischer Thymian
1 EL Tomatenmark
1 TL Chiliflocken
50 ml Rotwein
75 g geröstete rote Paprika aus dem Glas

Ich serviere das Pollo Cacciatore gern mit grünem Gemüse und Couscous.

1 Die Hähnchenoberkeulen mit Salz, Pfeffer und Paprikapulver würzen. Das Öl in einer antihaftbeschichteten Pfanne bei hoher Temperatur erhitzen und die Hähnchenoberkeulen in etwa 3 Minuten rundum darin bräunen.

2 Das Fleisch mit den restlichen Zutaten bis auf die Paprika in den Schongarer geben. Umrühren und noch einmal mit Salz sowie Pfeffer würzen. Auf hoher Stufe 2 Stunden oder auf niedriger Stufe 5 Stunden garen. Die Paprika dazugeben und 1 weitere Stunde garen. Servieren.

PRO PORTION 300 KCAL

Das toskanische Hähnchen schmeckt einfach unglaublich gut! Ich habe es bisher immer in der Pfanne zubereitet, für mein erstes Buch jedoch ein Rezept für die Zubereitung im Schongarer entwickelt. Seitdem habe ich das Hähnchen übrigens nicht mehr in der Pfanne gebraten ... *(Rezeptfoto siehe folgende Doppelseite).*

Toskanisches Hähnchen

FÜR 4 PORTIONEN

4 Hähnchenbrustfilets, in größere Stücke geschnitten
1 EL Öl
1 TL Paprikapulver
1 TL getrocknetes Basilikum
1 TL getrockneter Oregano
1 TL getrockneter Thymian
Salz und Pfeffer
250 ml Hühnerbrühe
1 Handvoll sonnengetrocknete Tomaten
50 ml Weißwein
1 EL Dijonsenf
4 Knoblauchzehen, abgezogen und fein gehackt
1 Zwiebel, abgezogen und gehackt
2 EL fettarmer Frischkäse
1 Handvoll frische Basilikumblätter

Mit 150 Gramm gegarten Nudeln serviert, enthält das Gericht pro Portion 197 Kilokalorien mehr.

1 Das Fleisch mit Öl beträufeln und in Paprikapulver sowie den getrockneten Kräutern wenden. Mit Salz und Pfeffer würzen. Eine antihaftbeschichtete Pfanne bei hoher Temperatur erhitzen und das Fleisch etwa 4 Minuten rundum darin braten.

2 Das Fleisch mit den restlichen Zutaten bis auf Frischkäse und Basilikumblätter in den Schongarer geben. Umrühren und noch einmal mit Salz sowie Pfeffer würzen. Auf hoher Stufe 2 bis 3 Stunden garen, dann den Frischkäse unterrühren und das toskanische Hähnchen mit frischem Basilikum garniert servieren.

Toskanisches Hähnchen

PRO PORTION
454
KCAL

Ich versuche, einen vegetarischen Tag pro Woche einzuhalten, und wenn ich an diesem Tag Lust auf Pasta oder etwas Wärmendes habe, enttäuscht mich dieses Gericht nie. Diese Veggie-Version der Lasagne steckt nach der langen Zubereitungszeit im Schongarer voller köstlicher Aromen. Zu Lasagne sage ich nie Nein – und wette, dass auch Sie diese vegetarische Variante fortan nicht mehr missen wollen!

Vegetarische Lasagne

FÜR 6 PORTIONEN

- 120 g Pinienkerne oder andere Nüsse
- 1,2 kg gehackte Tomaten aus der Dose
- 1 EL rotes Pesto
- 5 Knoblauchzehen, abgezogen und fein gehackt
- 2 TL Gemüsebrühpulver
- 1 EL getrockneter Oregano
- 1 EL getrockneter Thymian
- 1 EL Tomatenmark
- Salz und Pfeffer
- 1 Zucchini, fein gehackt
- 1 rote Paprikaschote, fein gehackt
- 1 Zwiebel, abgezogen und fein gehackt
- 100 g Champignons, fein gehackt
- 1 Handvoll frisches Basilikum, gehackt
- 1 Aubergine, in Scheiben geschnitten
- 8 Lasagneblätter
- 1–2 EL Basilikumpesto
- 100 g Ricotta
- 100 g geriebener Mozzarella
- 1 große Tomate, in Scheiben geschnitten

1 Pinienkerne, Tomaten aus der Dose, rotes Pesto, Knoblauch, Brühpulver, Kräuter und Tomatenmark in der Küchenmaschine in 15 bis 20 Sekunden zu einer Masse verarbeiten, bei der die Pinienkerne zwar klein gehackt, aber noch nicht gemahlen sind. Die Mischung in eine Schüssel füllen und mit Salz sowie Pfeffer würzen. Zucchini, Paprika, Zwiebel, Champignons und frisches Basilikum dazugeben und alles verrühren.

Fortsetzung ▸

VEGETARISCHE LASAGNE *(Fortsetzung)*

2 Ein Drittel der Gemüsemischung in den Schongarer geben. Mit einem Drittel der Auberginenscheiben und diese mit einem Drittel der Lasagneblätter belegen; Letztere dabei in passende Stücke brechen. Ein Drittel des Basilikumpestos und ein Drittel des Ricottas in Klecksen daraufsetzen und mit einem Viertel des Mozzarellas bestreuen. Den Vorgang wiederholen, bis diese Zutaten aufgebraucht sind. Zum Schluss die Lasagne mit den Tomatenscheiben belegen und mit dem restlichen Mozzarella bestreuen.

3 Die Lasagne auf hoher Stufe 4 Stunden garen. Wer einen ofenfesten Schongarer besitzt, kann den Backofengrill vorheizen und die Lasagne vor dem Servieren 10 Minuten goldbraun überbacken.

Die vegetarische Lasagne ist die perfekte Mahlzeit für unter der Woche. Wird sie mit Knoblauchbrot, einem grünen Salat und etwas leichtem Krautsalat serviert, freut sich darüber die ganze Familie.

PRO PORTION
513
KCAL

Wem eine gewisse Schnellrestaurantkette, die sich auf Grillhähnchen spezialisiert hat, nicht unbekannt ist, der wird in diesem Rezept bestimmte Aromen sofort wiedererkennen. Das Piri-Piri-Hähnchen mit Mais, bei dem das saftige Fleisch praktisch vom Knochen fällt, schmeckt mit seiner extraknusprigen Haut einfach fantastisch; zudem eignet es sich perfekt zum Vorbereiten ***(Rezeptfoto siehe folgende Doppelseite).***

Piri-Piri-Hähnchen mit Mais

FÜR 5 PORTIONEN

1 EL getrockneter Oregano
Saft von 1 Zitrone
Saft von 2 Bio-Limetten + 1 Bio-Limettenscheibe
1 EL Paprikapulver
1 TL mildes Chilipulver
2 EL Olivenöl
3 Knoblauchzehen, abgezogen und fein gehackt
Salz und Pfeffer
1 ganzes Hähnchen
5 Maiskolben
1 Lorbeerblatt

Das Hähnchen kommt zum Schluss in den Ofen, damit die Haut knusprig wird, es kann aber auch von Anfang an im Ofen gegart werden. Dafür das Hähnchen marinieren und im Backofen rösten.

1 Oregano, Zitronen- und Limettensaft, Paprikapulver, Chilipulver, Olivenöl und Knoblauch in einer großen Schüssel verrühren und mit Salz sowie Pfeffer würzen. Hähnchen und Maiskolben hineinlegen und in der Marinade wenden.

2 Lorbeerblatt und Limettenscheibe ins Hähnchen geben und dieses mit den Maiskolben in den Schongarer legen. Auf hoher Stufe 4 bis 5 Stunden oder auf niedriger Stufe 8 Stunden garen. Den Backofen auf 200 °C vorheizen und das Hähnchen 10 Minuten darin bräunen. Dafür falls nötig Hähnchen und Mais in eine ofenfeste Form geben.

Piri-Piri-Hähnchen mit Mais

PRO PORTION 571 KCAL

Dieser leckere, herzhafte Auflauf für kalorienbewusste Genießer kommt mit ganz wenig Sahne aus, schmeckt dabei aber ungeheuer cremig. Wer die Chorizo weglässt, spart noch einmal fast ein Viertel der angegebenen Kalorien, allerdings trägt die scharfe, rauchige Wurst entscheidend zum Aroma des Gerichts bei. Etwas leichter wird der Auflauf, wenn man statt Sahne Crème légère oder fettarmen Frischkäse verwendet.

Auflauf mit Hähnchen, Chorizo und Lauch

FÜR 4 PORTIONEN

1 TL Öl
130 g Chorizo, in Scheiben geschnitten
1 Stange Lauch, gehackt
3 Hähnchenbrustfilets, in Stücke geschnitten
2 Knoblauchzehen, abgezogen und fein gehackt
350 ml Hühnerbrühe
1 TL Muskatnuss, frisch gerieben
1 EL Dijonsenf
1 Lorbeerblatt
1 gehäufter EL Maismehl, mit 1 EL Wasser zu einer Paste verrührt
Salz und Pfeffer
100 g Sahne
5 Blätter Filoteig
1 Ei, verquirlt
1 EL Sesamsamen

1 Das Öl bei hoher Temperatur in einer Pfanne erhitzen und Chorizo sowie Lauch darin anbraten. Beides mit Hähnchen, Knoblauch, Brühe, Muskatnuss, Senf, Lorbeerblatt und der Maismehlmischung in den Schongarer geben. Mit Salz sowie Pfeffer würzen und auf hoher Stufe 3 Stunden garen.

2 Die Sahne unterrühren und den Filoteig auf die Füllung legen – so gerade wie möglich, damit er gleichmäßig bräunt. Den Teig mit verquirltem Ei bestreichen und mit Sesamsamen bestreuen. Den Backofen auf 180 °C vorheizen und den Auflauf 25 Minuten goldbraun darin überbacken. Wer keinen ofenfesten Schongarertopf hat, gibt die Füllung in eine feuerfeste Auflaufform, bevor sie mit Teigblättern belegt wird.

Ich serviere dieses Gericht mit Gemüse, Kartoffelbrei oder gekochten Kartoffeln – es ist unglaublich vielseitig.

Soulfood

PRO PORTION
410
KCAL

Diese Suppe habe ich erstmals in einem französischen Restaurant im Disneyland Florida (ausgerechnet!) probiert. Schon da wusste ich, dass ich sie zu Hause nachkochen und in eine praktische Schongarerversion umwandeln musste. Sie ist sicher nicht die authentischste Zwiebelsuppe aller Zeiten, und dafür entschuldige ich mich bei allen Französinnen und Franzosen – doch auch diese Variante schmeckt fantastisch!

Französische Zwiebelsuppe

FÜR 6 PORTIONEN

- 10 Zwiebeln, abgezogen und in Scheiben geschnitten
- 100 g (fettarme) Butter
- 1 EL italienische Gewürzmischung
- 2 Knoblauchzehen, abgezogen und fein gehackt
- 1 Lorbeerblatt
- 2 EL brauner Zucker
- 200 ml Weißwein
- Salz und Pfeffer
- 900 ml Gemüse- oder Rinderbrühe
- 1 TL Worcestershiresauce
- Baguettescheiben
- 120 g geriebener Gruyère

1 Zwiebeln, Butter, italienische Gewürzmischung, Knoblauch, Lorbeerblatt, Zucker und Weißwein in den Schongarer geben. Umrühren und mit Salz sowie Pfeffer würzen. Auf hoher Stufe 10 Stunden garen. Brühe sowie Worcestershiresauce angießen und noch einmal alles gründlich verrühren.

2 Den Backofengrill vorheizen. Die Suppe mit Baguettescheiben belegen und diese mit geriebenem Käse bestreuen. 8 bis 10 Minuten im Ofen überbacken, bis der Käse goldbraun ist. Wer keinen ofenfesten Schongarertopf hat, füllt die Suppe in ein anderes Gefäß um, bevor sie mit Baguette belegt und mit Käse bestreut wird.

PRO PORTION
896
KCAL

Das Video zu diesem Rezept wurde bisher über 20 Millionen Mal angesehen. Jedes Mal, wenn ich es ins Netz stelle, geht es sofort viral. Ich hoffe, Sie mögen die Pasta mit Hähnchen, Chorizo und getrockneten Tomaten ebenso sehr wie ich. Sie hat zwar mehr Kalorien als meine anderen Gerichte, der Geschmack ist diese kleine Sünde jedoch wert. Wer es trotzdem leichter mag, verwendet statt Sahne fettarmen Frischkäse.

Pasta mit Hähnchen, Chorizo und getrockneten Tomaten

FÜR 4 PORTIONEN

- 100 g Chorizo, in Scheiben geschnitten
- 3 Hähnchenbrustfilets, in mundgerechte Stücke geschnitten
- 2 EL Pesto aus sonnengetrockneten Tomaten
- 1 Handvoll sonnengetrocknete Tomaten, gehackt
- 5 Knoblauchzehen, abgezogen und in Scheiben geschnitten
- 1 TL getrocknetes Basilikum
- 650 ml heiße Hühnerbrühe
- Salz und Pfeffer
- 350 g Penne
- 250 g Sahne
- 200 g Spinat
- geriebener Parmesan zum Bestreuen

1 Eine antihaftbeschichtete Pfanne bei hoher Temperatur erhitzen und die Chorizo rundum darin anbraten. Wer es eilig hat, lässt diesen Zubereitungsschritt einfach weg.

2 Chorizo, Hähnchen, Pesto, Tomaten, Knoblauch, Basilikum und 150 Milliliter Hühnerbrühe in den Schongarer geben. Umrühren und mit Salz sowie Pfeffer würzen. Auf hoher Stufe 2 ½ Stunden garen. Nudeln und restliche Brühe dazugeben und alles weitere 45 Minuten garen; dabei nach 30 Minuten noch einmal umrühren.

3 Sahne und Spinat unterrühren – der Spinat wird in der Sauce rasch zusammenfallen. Die Pasta mit Hähnchen, Chorizo und getrockneten Tomaten mit Parmesan bestreut servieren.

PRO PORTION
788
KCAL

Wenn ich an Mac & Cheese denke, denke ich automatisch an meine Reise nach New York. Mit diesem Rezept können Sie das Gericht ohne viel Aufwand zu Hause in nur einem Topf nachkochen und Zeit sparen, ohne beim Geschmack Abstriche machen zu müssen. Die Mac & Cheese mit Knoblauch sind ideales Soulfood für einen kalten Winterabend – und mit der fettarmen Butter sparen Sie auch noch ein paar Kalorien ein.

Mac & Cheese mit Knoblauch

FÜR 4 PORTIONEN

400 g Makkaroni
725 ml Halbfettmilch
5 Knoblauchzehen, abgezogen und fein gehackt
130 g geriebener Cheddar
½ TL Paprikapulver
¼ TL Muskatnuss, frisch gerieben
100 g (fettarme) Butter
Salz und Pfeffer
50 g geriebener Parmesan
1 Handvoll Semmelbrösel (optional)
Schnittlauchröllchen zum Garnieren

1 Makkaroni, Milch, Knoblauch, Cheddar, Paprikapulver, Muskat und Butter in den Schongarer geben. Umrühren und mit Salz sowie Pfeffer würzen. Auf niedriger Stufe 1 Stunde 20 Minuten garen. Noch einmal umrühren und den Parmesan sowie etwas zusätzliche Milch dazugeben, wenn die Masse zu fest wird. Weitere 20 bis 25 Minuten garen.

2 Wer die Mac & Cheese knusprig mag und einen ofenfesten Schongarertopf hat, bestreut sie nun mit 1 Handvoll Semmelbröseln und überbackt sie im Backofen mit vorgeheizter Grillfunktion. Anschließend mit Schnittlauchröllchen garnieren und servieren.

PRO PORTION 500 KCAL

Auch dieses Rezept ist bei meinen Followern außerordentlich beliebt. Das Gericht hat durch die Erdnussbutter und die Süßkartoffeln eine wunderbare leichte Süße und eignet sich ideal, wenn Gäste kommen. Zudem lässt es sich sehr gut am Wochenende vorbereiten – so haben Sie etwas im Kühlschrank, auf das Sie sich nach einem langen Arbeitstag freuen können.

Curry mit Hähnchen, Erdnussbutter und Süßkartoffeln

FÜR 4 PORTIONEN

- 700 g Süßkartoffeln, geschält und in Stücke geschnitten
- 600 g Hähnchenkeulen ohne Knochen, in Stücke geschnitten
- 400 g gehackte Tomaten aus der Dose
- 400 ml fettreduzierte Kokosmilch aus der Dose
- 1 EL Tomatenmark
- 1 EL Currypulver
- 1 TL gemahlener Kreuzkümmel
- 1 TL Chilipulver
- 1 TL gemahlener Koriander
- 1 TL gemahlene Kurkuma
- ½ TL Fünf-Gewürze-Pulver
- 1 Zwiebel, abgezogen und gehackt
- 4 Knoblauchzehen, abgezogen und fein gehackt
- 2 ½ cm frischer Ingwer, geschält und gerieben
- 2 EL Erdnussbutter
- Salz und Pfeffer
- gehackte Nüsse nach Wahl und frischer Koriander zum Bestreuen

1 Alle Zutaten bis auf Salz, Pfeffer, gehackte Nüsse und frischen Koriander in den Schongarer geben. Umrühren und mit Salz sowie Pfeffer würzen. Auf hoher Stufe 4 Stunden oder auf niedriger Stufe 8 Stunden garen. Mit gehackten Nüssen und frischem Koriander bestreut servieren.

Ich serviere dieses Curry mit nur 100 Gramm gegartem Reis pro Portion – das macht dann 630 Kilokalorien pro Portion –, weil die Süßkartoffeln an sich schon sehr satt machen.

PRO PORTION
537
KCAL

Da ich selbst von der grünen Insel stamme, musste ich in dieses Buch natürlich unbedingt ein Irish Stew aufnehmen. Es gibt unzählige Varianten, diese ist vom Irish Stew meiner Mum inspiriert, die das Gericht schon immer im Schongarer zubereitet hat. Machen Sie sich keine Gedanken, wenn Sie kein Guinness mögen – man schmeckt es nicht, da der Alkohol verdunstet und die Sauce einfach nur schön sämig macht.

Irish Stew mit Rind und Guinness

FÜR 4 PORTIONEN

- 400 ml Guinness
- 500 g Rindfleisch, in Würfel geschnitten
- 1 Zwiebel, abgezogen und gehackt
- 4 Karotten, mit Schale, gewürfelt
- 1 Handvoll frischer Thymian
- 1 EL Tomatenmark
- 2–3 Rinderbrühwürfel
- 1 TL Currypulver
- 1–2 Lorbeerblätter
- 3 Knoblauchzehen, abgezogen und gehackt
- 7 Kartoffeln, geschält und geviertelt
- 1 gehäufter EL Maismehl, mit 1 EL Wasser zu einer Paste verrührt (optional)
- Salz und Pfeffer
- frische Petersilie zum Bestreuen (optional)

1 Alle Zutaten bis auf Salz, Pfeffer und Petersilie mit 600 Milliliter kochendem Wasser in den Schongarer geben. Umrühren und mit Salz sowie Pfeffer würzen. Auf hoher Stufe 4 Stunden oder auf niedriger Stufe 8 bis 9 Stunden garen, dann einige der Kartoffeln mit einem Löffel in der Sauce zerkleinern. Mit frischer Petersilie bestreut servieren.

Dazu schmeckt knuspriges Brot mit Butter. Wenn Sie die Sauce etwas dünner möchten, lassen Sie die Maismehlmischung einfach weg.

PRO PORTION 477 KCAL

Orzo, kleine Nudeln in Reisform, die auch als Kritharaki bekannt sind, lassen sich für eine Vielzahl unterschiedlicher Rezepte verwenden. In diesem vereinen sie sich mit würzigem Kürbis zu einem schlichten, aber sehr leckeren und sättigenden Gericht, das ebenfalls zu meinen Favoriten gehört. An meinem Veggie Day – ich versuche, immer einen pro Woche einzulegen – steht es regelmäßig auf dem Speiseplan. Sie können den Butternut-Kürbis auch durch andere Sorten ersetzen.

Orzo mit scharfem Kürbis

FÜR 4 PORTIONEN

1 Butternut-Kürbis, halbiert und entkernt
2 EL Harissapaste
1 TL Paprikapulver
1 EL Honig
Salz und Pfeffer
1 Handvoll frischer Koriander
4 Knoblauchzehen, abgezogen und fein gehackt
1 Zwiebel, abgezogen und gehackt
350 g Orzo
850 ml Gemüsebrühe
1 TL Currypulver
500 g passierte Tomaten
2 EL fettarmer Frischkäse
2 Handvoll frischer Spinat

1 Den Backofen auf 180 °C vorheizen. Die Kürbishälften in Spalten schneiden und in eine Schüssel geben. Harissapaste, Paprikapulver und Honig dazugeben und alles gründlich vermengen. Mit Salz und Pfeffer würzen. Auf einem Backblech verteilen und 25 Minuten im Ofen rösten.

2 Die Schale von den Kürbisspalten lösen, das Kürbisfleisch in mundgerechte Stücke schneiden und mit Koriander, Knoblauch, Zwiebel, Orzo, Gemüsebrühe, Currypulver sowie passierten Tomaten in den Schongarer geben. Alles auf hoher Stufe 50 Minuten garen. Umrühren und prüfen, ob die Nudeln gar sind – falls nicht, weitere 15 Minuten garen. Frischkäse sowie Spinat unterrühren und servieren.

PRO PORTION
257
KCAL

Sicherlich haben Sie bereits bemerkt, dass Currys in diesem Buch regelmäßig auftauchen – und das wird sich in absehbarer Zeit auch nicht ändern. Currys mit Rindfleisch sind meiner Meinung nach besonders lecker, und die Chilischote sowie die Erdnussbutter heben die Sauce auf ein ganz neues Geschmackslevel. Dieses klassische Rindfleischcurry macht satt und wärmt an einem kalten Winterabend. Wer gern viel Sauce hat, gibt einfach die doppelte Menge Tomaten dazu.

Rindfleischcurry

FÜR 4 PORTIONEN

- 500 g Rindfleisch, in Würfel geschnitten
- 150 ml Rinderbrühe
- 1 rote Chilischote, in Ringe geschnitten
- 1 EL Erdnussbutter ohne Stücke
- 1 Zwiebel, abgezogen und in Scheiben geschnitten
- 2 EL Currypulver
- 1 EL Garam Masala
- 1 EL gemahlener Kreuzkümmel
- 4 Knoblauchzehen, abgezogen und fein gehackt
- 400 g gehackte Tomaten aus der Dose
- 2 EL Tomatenmark
- 1 Handvoll frischer Koriander, gehackt
- Salz und Pfeffer
- Chiliringe, frischer Koriander und gehackte Erdnüsse zum Bestreuen

1 Rindfleisch, Rinderbrühe, Chiliringe, Erdnussbutter, Zwiebel, Currypulver, Garam Masala, Kreuzkümmel, Knoblauch, Tomaten, Tomatenmark und Koriander in den Schongarer geben. Umrühren und mit Salz sowie Pfeffer würzen. Auf hoher Stufe 4 Stunden oder auf niedriger Stufe 7 Stunden garen. Mit Chiliringen, frischem Koriander und gehackten Erdnüssen bestreut servieren.

Dazu passen Reis und Naan-Brot.

PRO PORTION 636 KCAL

Dieses Gericht könnte man auch als Umarmung in einem Suppenteller bezeichnen, wenn einem dabei nicht seltsame Bilder in den Kopf kämen. Gemeint ist: Dieser Eintopf macht satt und wärmt. Und bei richtigem Sauwetter gibt es kaum etwas Schöneres als die leckere Sauce zum Schluss mit etwas Brot aufzudippen. Statt der Cocktailwürstchen können Sie auch Wiener verwenden ***(Rezeptfoto siehe folgende Doppelseite)*****.**

Würstchen-Frühkartoffel-Eintopf

FÜR 4 PORTIONEN

- 500 g Cocktailwürstchen
- 1 kg Frühkartoffeln, mit Schale halbiert
- 1 Zwiebel, abgezogen und gehackt
- 400 g gehackte Tomaten aus der Dose
- 4 Knoblauchzehen, abgezogen und gehackt
- 1 Handvoll frischer Thymian
- 2 EL Tomatenmark
- 2 EL Worcestershiresauce
- 2 EL Paprikapulver
- einige Lorbeerblätter
- 450 ml Rinderbrühe
- 150 ml Rotwein
- 3 Karotten, mit Schale in Stücke geschnitten
- 1 TL getrockneter Oregano
- 1 gehäufter EL Maismehl, mit 1 EL Wasser zu einer Paste verrührt (optional)
- Salz und Pfeffer

Die köstliche Sauce darf man auf keinen Fall verkommen lassen – dippen Sie sie zum Schluss mit etwas knusprigem Brot auf, das Sie nach Belieben auch mit Butter bestreichen können.

1 Eine antihaftbeschichtete Pfanne bei hoher Temperatur erhitzen und die Cocktailwürstchen darin 5 bis 10 Minuten anbraten. Mit den restlichen Zutaten bis auf Salz und Pfeffer in den Schongarer geben. Umrühren und mit Salz sowie Pfeffer würzen. Auf hoher Stufe 4 Stunden oder auf niedriger Stufe 8 Stunden garen und anschließend servieren.

Würstchen-
Frühkartoffel-
Eintopf

PRO PORTION 502 KCAL

Dieses köstliche Gericht habe ich erstmals in Paris probiert und mich Hals über Kopf verliebt. Ich hatte es noch nie selbst gemacht, doch nachdem ich eine Dokumentation über die legendäre Köchin Julia Child gesehen hatte, beschloss ich, meine eigene, kalorienarme Schongarerversion davon zu kreieren. Den zeitlosen Klassiker kann man rund ums Jahr genießen – auch an besonderen Abenden unter der Woche.

Bœuf bourguignon

FÜR 6 PORTIONEN

- 200 g geräucherter Bacon, gehackt
- 1 kg Rindfleisch, in mundgerechte Würfel geschnitten
- 250 ml Rotwein
- 2 rote Zwiebeln oder Schalotten, abgezogen und gehackt
- 1 EL (fettarme) Butter
- 1 Handvoll frischer Thymian
- 1 Handvoll frischer Rosmarin, gehackt
- 2 Lorbeerblätter
- 450 g ganze Champignons
- 1 EL Maismehl, mit 1 EL Wasser zu einer Paste verrührt
- 250 ml Rinderfond oder Fleischextrakt
- 3 Karotten, gehackt
- 4 Knoblauchzehen, abgezogen und fein gehackt
- 1 EL Tomatenmark
- Salz und Pfeffer
- frische Petersilie, gehackt, zum Bestreuen

Servieren Sie dieses reichhaltige und sättigende Gericht mit Kartoffeln Ihrer Wahl.

1 Eine antihaftbeschichtete Pfanne bei hoher Temperatur erhitzen und Bacon sowie Rindfleisch rundum darin anbraten. Wer es eilig hat, lässt diesen Zubereitungsschritt einfach weg.

2 Bacon und Rindfleisch mit den restlichen Zutaten bis auf Salz, Pfeffer und Petersilie in den Schongarer geben. Umrühren und mit Salz sowie Pfeffer würzen. Auf niedriger Stufe 7 bis 8 Stunden garen. Mit Petersilie bestreut servieren.

PRO PORTION 426 KCAL

Ich weiß, dass der Kaloriengehalt hier etwas höher ist, doch bin ich davon überzeugt, dass es bei der Ernährung nicht zuletzt auf Ausgewogenheit ankommt – das ist nicht nur gesund, sondern auch notwendig. Auch dieses Rezept ist bei meinen Followern sehr beliebt, und so musste ich es unbedingt mit ins Buch nehmen. Ich liebe Schokoladentrüffel und garantiere Ihnen, dass diese heiße Schokolade der Hit bei Familie und Freunden sein wird. Ich habe Lindor-Trüffel von Lindt verwendet, aber das ist selbstverständlich kein Muss.

Heiße Schokolade

FÜR 7–8 PORTIONEN

200 g Zartbitter-Schokoladentrüffel
100 g Milchschokoladentrüffel
250 g Sahne
1 l Milch
etwas fein abgeriebene Schale von 1 Bio-Orange (optional)

1 Zartbitter- und Milchschokoladentrüffel, Sahne, Milch und Orangenschale in den Schongarer geben. Umrühren und alles auf hoher Stufe 2 Stunden garen. Nochmals umrühren und prüfen, ob die Schokolade vollständig geschmolzen ist. Falls nicht, noch etwas Garzeit zugeben.

Ich serviere diese heiße Schokolade de luxe normalerweise mit Mini-Marshmallows, Schlagsahne und einem Extratrüffel obendrauf. 3 Mini-Marshmallows ergeben 76 Kilokalorien mehr, bei 12 Gramm Schlagsahne muss man 28 Kilokalorien pro Portion dazurechnen.

PRO PORTION **213** KCAL

Gibt es etwas, das besser zur kalten Jahreszeit passt als warmer Apfelwein? Ich freue mich schon im Sommer darauf, das Haus im Herbst und Winter mit dem Duft der Äpfel und weihnachtlichen Gewürze zu erfüllen, der sich im Schongarer sogar noch zu intensivieren scheint. Meine Follower verlieben sich jedes Jahr aufs Neue in das köstliche Getränk. Sie können den Cidre durch Wein ersetzen und dann entsprechend die Äpfel weglassen. Der warme Apfelwein eignet sich perfekt für einen gemütlichen Abend mit Freunden.

Warmer Apfelwein

FÜR 7 PORTIONEN

6 Gewürznelken
2 Bio-Äpfel, vom Kerngehäuse befreit und in Scheiben geschnitten
2 l Cidre
4–5 EL dunkler brauner Zucker
4 Streifen Orangenschale
3 Sternanis
3 Kardamomkapseln
¼ Muskatnuss, frisch gerieben
2 Stangen Zimt
1 Vanilleschote, halbiert
Saft von 2 Clementinen

1 Die Gewürznelken in die Apfelscheiben stecken und die gespickten Apfelscheiben mit Cidre, Zucker, Orangenschale, Sternanis, Kardamomkapseln, Muskat, Zimt, Vanilleschote und Clementinensaft in den Schongarer geben. Alles auf hoher Stufe 2 Stunden garen. Um den Apfelwein beim Servieren warm zu halten, den Schongarer auf niedrige Stufe oder, falls vorhanden, Warmhaltefunktion schalten.

PRO STÜCK **410** KCAL

Diese Köstlichkeit, die aus nur drei Zutaten besteht, müssen Sie unbedingt probieren – am besten auf dem Sofa zu einer schönen Tasse Tee. Wenn das kein Luxus-Soulfood ist! Viele meiner Online-Follower haben das Fudge gemeinsam mit ihren Kindern zubereitet, um sie fürs Kochen zu begeistern, und damit Riesenerfolge erzielt. Kein Wunder bei einer solchen Leckerei ***(Rezeptfoto siehe folgende Doppelseite)*****.**

Fudge mit Schokoeiern

FÜR 10 GROSSE QUADRATE

400 g Milchschokolade
400 g Kondensmilch
150 g Mini-Schokoladeneier, gehackt

1 Die Milchschokolade und die Kondensmilch in den Schongarer geben und auf hoher Stufe 1 Stunde garen. Den Großteil der gehackten Mini-Schokoladeneier dazugeben. Umrühren und die restlichen Schokoladeneier daraufgeben. Abkühlen lassen und anschließend für 6 Stunden oder über Nacht in den Kühlschrank stellen. Das Fudge mit Schokoeiern zum Servieren in 10 große Quadrate schneiden.

Fudge mit Schokoeiern

Partyfood

PRO PORTION
161
KCAL

Die Kartoffel-Lauch-Suppe gehört zu meinen irischen Lieblingssuppen, sie schmeckt fantastisch und wird aus nur wenigen Zutaten zubereitet. Sie eignet sich hervorragend als Vorspeise bei einer Dinnerparty, auch deshalb, weil sie sich so gut vorbereiten lässt. Haben die Gäste Platz genommen, muss die Suppe nur noch aufgewärmt werden. Normalerweise würde der Lauch in Butter oder Öl angedünstet werden, bei dieser kalorienarmen Variante verzichten wir jedoch darauf.

Kartoffel-Lauch-Suppe

FÜR 6 PORTIONEN

3 Kartoffeln, mit Schale in Stücke geschnitten
3 Stangen Lauch, gehackt
3 Knoblauchzehen, abgezogen und gehackt
1 Zwiebel, abgezogen und gehackt
1,2 l Hühnerbrühe
150 ml Milch
Salz und Pfeffer

1 Kartoffeln, Lauch, Knoblauch, Zwiebel, Brühe und Milch in den Schongarer geben. Umrühren und mit Salz sowie Pfeffer würzen. Auf hoher Stufe 2 ½ bis 3 Stunden garen und die Suppe anschließend mit dem Stabmixer pürieren. Nach Belieben mit frischen Kräutern und/oder frisch gemahlenem schwarzem Pfeffer servieren.

PRO PORTION **505** KCAL

Dieser Eintopf wärmt bei kaltem und feuchtem Wetter so richtig durch. Sie können die Chorizo auch in der Pfanne anbraten, bevor Sie sie in den Schongarer geben, ein Muss ist das bei diesem Rezept jedoch nicht. Ich habe spanische Eintöpfe erstmals in Spanien probiert (was für ein Zufall!) und mir damals schon vorgenommen, meine eigene Schongarerversion zu entwickeln. ¡Aquí tiene!

Chorizo-Kidneybohnen-Eintopf

FÜR 4 PORTIONEN

- 200 g Chorizo, in Scheiben geschnitten
- 900 g Kartoffeln, geschält und in mundgerechte Stücke geschnitten
- 400 g gehackte Tomaten aus der Dose
- 400 g Kidneybohnen aus der Dose, abgegossen
- 4 Knoblauchzehen, abgezogen und fein gehackt
- Saft von 1 Zitrone
- 1 TL gemahlener Kreuzkümmel
- 1 TL Currypulver
- 1 TL Paprikapulver
- ½ TL Selleriesalz
- 1 Zwiebel, abgezogen und gehackt
- 500 ml Geflügelfond oder Fleischextrakt
- Salz und Pfeffer

1 Chorizo, Kartoffeln, Tomaten, Kidneybohnen, Knoblauch, Zitronensaft, Kreuzkümmel, Currypulver, Paprikapulver, Selleriesalz, Zwiebel und Geflügelfond mit 450 Milliliter kochendem Wasser in den Schongarer geben. Umrühren und mit Salz sowie Pfeffer würzen. Auf hoher Stufe 3 Stunden oder auf niedriger Stufe 7 Stunden garen. Mit einem Löffel einige der Kartoffeln zerdrücken, um die Sauce etwas anzudicken, und anschließend alles 1 weitere Stunde auf hoher Stufe garen. Nach Belieben mit frischer Petersilie bestreut servieren.

PRO PORTION
421
KCAL

Ich hatte das große Glück, Mexiko bereisen zu dürfen, und muss sagen: Wenn ich an das Essen dort zurückdenke, gerate ich heute noch ins Schwärmen. Dieser Eintopf beispielsweise besteht Schicht um Schicht aus fantastischen Aromen. Wenn Sie keine Chipotle-Chilischoten in Adobo-Sauce bekommen, können Sie stattdessen auch Chipotle-Paste und eine Handvoll in Scheiben geschnittener Minipaprika verwenden.

Mexikanischer Eintopf mit Guacamole

FÜR 4 PORTIONEN

4 Hähnchenbrustfilets, in Stücke geschnitten
1 rote Paprikaschote, gehackt
1 rote Zwiebel, abgezogen und in Scheiben geschnitten
200 g Chipotle-Chilischoten in Adobo-Sauce aus der Dose
200 g Jalapeño-Ringe aus der Dose, abgegossen
400 g gehackte Tomaten aus der Dose
125 ml Hühnerbrühe
1 TL Zimtpulver
1 TL Ancho-Chiliflocken
1 TL gemahlener Koriander
1 EL Paprikapulver
4 Knoblauchzehen, abgezogen und gehackt
1 EL Maismehl, mit 1 EL Wasser zu einer Paste verrührt
1 EL Tomatenmark
Salz und Pfeffer
Bio-Limettenspalten und frischer Koriander zum Garnieren
4 Portionen Guacamole *(Rezept siehe S. 87)* zum Dazuservieren

Sie können den Eintopf auch als Fajitafüllung verwenden, doch ich liebe ihn mit Limettenreis. Dippen Sie die köstliche Sauce mit einigen Tortillachips auf.

1 Alle Zutaten bis auf Salz, Pfeffer, Limettenspalten, Koriander und Guacamole in den Schongarer geben. Umrühren und mit Salz sowie Pfeffer würzen. Auf hoher Stufe 3 Stunden oder auf niedriger Stufe 5 Stunden garen.

2 Mit Limettenspalten sowie Koriander garniert servieren. Eine Guacamole macht sich dazu sehr gut.

PRO PORTION 530 KCAL

Dieses Gericht habe ich durch eine Fernsehserie entdeckt, dort wurde es von einer der Figuren zubereitet. Ich setzte mich sofort an den Rechner, googelte es und war fasziniert. Natürlich musste ich auch hiervon meine ganz persönliche Schongarerversion entwickeln, das Rezept unten ist dasjenige, das sich inzwischen daraus ergeben hat. Wenn ich sehr in Eile bin, bereite ich das Gericht auch mal in der Pfanne zu.

Spaghetti puttanesca mit Bratwurst

FÜR 4 PORTIONEN

- 8 möglichst fettarme kleine Schweinswürste
- 1 gehäufter EL Kapern
- 8 Kalamata-Oliven ohne Stein, grob gehackt
- 1 kleine Handvoll ganze grüne oder schwarze Oliven
- 1 Schalotte oder rote Zwiebel, abgezogen und fein gehackt
- 5 Knoblauchzehen, abgezogen und in Scheiben geschnitten
- 4 Sardellenfilets aus dem Glas, fein gehackt
- 700 g passierte Tomaten
- 2 EL Tomatenmark
- 1 Handvoll frische Basilikumblätter
- 1 TL getrockneter Oregano
- ½ TL Chiliflocken
- Salz und Pfeffer
- 600 g gegarte Spaghetti oder Fettuccine
- frisches Basilikum und geriebener Parmesan zum Garnieren

Die Mischung aus verschiedenen Oliven ist geschmacklich der Hit. Für eine Veggie-Version einfach die Schweinswürste und die Sardellen weglassen.

1 Eine antihaftbeschichtete Pfanne bei mittlerer Temperatur erhitzen und die Schweinswürste 5 bis 10 Minuten darin anbraten. Die Würste in Scheiben schneiden und mit Kapern, Oliven, Schalotte, Knoblauch, Sardellen, Tomaten, Tomatenmark, Basilikum, Oregano und Chiliflocken in den Schongarer geben. Umrühren und mit Salz sowie Pfeffer würzen. Auf hoher Stufe 3 Stunden oder auf niedriger Stufe 5 Stunden garen.

2 Die Sauce auf die Spaghetti geben und alles mit Basilikum und geriebenem Parmesan garniert servieren.

PRO PORTION **593** KCAL

Ist es draußen schön, komme ich immer in Stimmung für Paella. Diese Schongarerversion des valencianischen Reisgerichts eignet sich perfekt für alle, die viel zu tun und somit wenig Zeit zum Kochen haben – und wenn es ganz eng wird, kann der Hähnchen-Chorizo-Reis auch in der Pfanne zubereitet werden. Dennoch ist diese Paella kein reines Sommergericht: Ich gönne sie mir rund ums Jahr, und das werden Sie mit diesem Rezept in Zukunft bestimmt auch tun.

Hähnchen-Chorizo-Reis

FÜR 4 PORTIONEN

100 g Chorizo, in Scheiben geschnitten
3 Hähnchenbrustfilets, in mundgerechte Stücke geschnitten
1 TL Paprikapulver
1 TL gemahlene Kurkuma
1 TL geriebener Knoblauch
1 TL Chilipulver
Saft von 1 Zitrone
1 Zwiebel, abgezogen und gehackt
400 g gehackte Tomaten aus der Dose
900 ml Hühnerbrühe
1 Handvoll frische Petersilie, gehackt
Salz und Pfeffer
350 g Paella- bzw. Rundkornreis
1 rote Paprikaschote, gehackt
150 g TK-Erbsen
Bio-Zitronenscheiben und gehackte Petersilie zum Garnieren

1 Eine antihaftbeschichtete Pfanne bei hoher Temperatur erhitzen und die Chorizoscheiben darin anbraten. Wer es eilig hat, lässt diesen Zubereitungsschritt einfach weg.

2 Die Chorizoscheiben mit Hähnchen, Paprikapulver, Kurkuma, Knoblauch, Chilipulver, Zitronensaft, Zwiebel, Tomaten, Hühnerbrühe und Petersilie in den Schongarer geben. Umrühren und mit Salz sowie Pfeffer würzen. Auf hoher Stufe 2 ½ bis 3 Stunden oder auf niedriger Stufe 6 Stunden garen. Reis, Paprika und Erbsen dazugeben und alles 1 weitere Stunde garen. Umrühren und prüfen, ob der Reis gar ist – falls nicht, 15 Minuten weitergaren. Mit Zitrone und Petersilie garniert servieren.

PRO PORTION 387 KCAL

Für dieses Gericht bin ich geradezu berühmt, ich bereite es oft für meine Freunde zu. Für das Lamm mit Garam Masala brauchen Sie einen Schongarer mit einem Fassungsvermögen von 6,5 Litern, damit die Lammschulter ganz hineinpasst. Alternativ können Sie das Gericht auch in etwa drei Stunden im Ofen zubereiten.

Lamm mit Garam Masala

FÜR 7 PORTIONEN

- 1 Lammschulter, ca. 1 ½ kg
- 1 EL Öl
- 1 EL Garam Masala
- 1 TL gemahlene Kurkuma
- 1 Handvoll frischer Koriander
- 1 EL Currypaste (ich mag besonders gern Rogan-Josh-Paste)
- 300 ml Lamm-, Hühner- oder Rinderbrühe
- 3 Knoblauchzehen, abgezogen und fein gehackt
- 1 Zwiebel, abgezogen und gehackt
- Salz und Pfeffer

1 Das Fleisch an der dicksten Stelle einige Male tief einschneiden und anschließend rundum mit Öl, Garam Masala sowie Kurkuma einreiben. Eine antihaftbeschichtete Pfanne bei hoher Temperatur erhitzen und darin die Lammschulter rundum anbraten.

2 Die restlichen Zutaten bis auf Salz und Pfeffer in den Schongarer geben. Umrühren, das Fleisch hineinlegen, in der Mischung wenden und alles mit Salz sowie Pfeffer würzen. Auf niedriger Stufe 5 Stunden – dann ist das Fleisch noch rosa – oder 6 bis 7 Stunden garen, dann ist das Fleisch durch.

Ich serviere das Lamm mit Garam Masala gern mit Naan-Brot, einem Salat, Joghurt und Granatapfelkernen – lecker!

PRO PORTION **626** KCAL

Dieses Gericht, ein Eintopf aus Bohnen und lange geschmortem Fleisch, stammt aus dem Süden Frankreichs. Ich habe die Cassoulet-Zubereitung in einem französischen Kochkurs gelernt und dabei erfahren, dass das Gericht umso intensiver schmeckt, je länger man es bei niedrigen Temperaturen gart. Manchmal wird es noch mit Semmelbröseln bestreut, ich verwende stattdessen auch fertig gekaufte Füllung.

Enten-Cassoulet

FÜR 4 PORTIONEN

4 Entenkeulen
130 g Pancetta, gewürfelt
600 ml Hühnerbrühe
300 ml Weißwein
1 Stange Sellerie, gehackt
2 Karotten, gewürfelt
400 g Limabohnen aus der Dose, abgegossen
5 Knoblauchzehen, abgezogen und in Scheiben geschnitten
4 Zweige frischer Rosmarin
4 Stiele frischer Thymian
2 Lorbeerblätter
1 große Zwiebel, abgezogen und in Scheiben geschnitten
400 g gehackte Tomaten aus der Dose
Salz und Pfeffer
1 große Handvoll Semmelbrösel (optional)

1 Eine antihaftbeschichtete Pfanne bei hoher Temperatur erhitzen und die Entenkeulen 1 bis 2 Minuten darin anbraten. In den Schongarer geben und anschließend die Pancetta in der Pfanne anbraten. Wer es eilig hat, überspringt diesen Schritt.

2 Die Pancetta mit den restlichen Zutaten bis auf Salz, Pfeffer und Semmelbrösel ebenfalls in den Schongarer geben. Umrühren und mit Salz sowie Pfeffer würzen. Alles auf niedriger Stufe 6 bis 7 Stunden garen; wurden die Entenkeulen nicht angebraten, 1 Stunde Garzeit zugeben.

3 Wer einen ofenfesten Schongarertopf hat und es gern knusprig mag, heizt den Backofengrill vor, bestreut das Cassoulet mit Semmelbrösel und überbackt alles goldbraun im Ofen.

PRO PORTION
468
KCAL

Dieser außergewöhnlichen Geschmackskomposition bin ich erstmals in einem Burger begegnet, danach wollte ich sie unbedingt mit Schweinefleisch nachkomponieren. Im Schongarer zubereitetes Schweinefleisch ist unglaublich vielseitig und kann als Basis für unterschiedlichste Gerichte dienen. Und ich bin mir sicher, dass das Schweinefleisch süßscharf bald zu Ihren Lieblingsgerichten für Gäste gehören wird.

Schweinefleisch süßscharf

FÜR 4 PORTIONEN

700 g Schweineschulter ohne Knochen, in dünne Scheiben geschnitten
1 Zwiebel, abgezogen und in Scheiben geschnitten
3 EL Gochujang-Chilipaste
1 EL Sesamöl
4 EL Ketchup
6 EL Sojasauce
100 ml Hühnerbrühe
1 EL Hoisin-Sauce
2 EL Honig
5 Knoblauchzehen, abgezogen und fein gehackt
1 TL gemahlener Ingwer
2 EL chinesischer Reiswein
1 EL Maismehl, mit 1 EL Wasser zu einer Paste verrührt
Frühlingszwiebelringe zum Garnieren

1 Schweineschulter, Zwiebel, Chilipaste, Sesamöl, Ketchup, Sojasauce, Hühnerbrühe, Hoisin-Sauce, Honig, Knoblauch, Ingwer, Reiswein und Maismehlmischung in den Schongarer geben und umrühren. Auf hoher Stufe 3 Stunden oder auf niedriger Stufe 4 bis 5 Stunden garen. Mit Frühlingszwiebelringen garniert servieren.

Ich serviere das Schweinefleisch süßscharf meist mit Reis, es schmeckt aber auch toll in Tacos oder Wraps. Mit 200 Gramm gegartem Reis müssen Sie 260 Kilokalorien pro Portion mehr rechnen.

PRO PORTION 333 KCAL

Eine Warnung vorneweg: Dieses Rezept – das ich von einem Freund habe – macht süchtig! Wer das Barbacoa-Rindfleisch einmal probiert hat, wird es wieder und wieder genießen wollen. Ich serviere es gern als Füllung in weichen Tacos oder Tortillas, wobei ich zugeben muss, dass ich dabei schon den wahrscheinlich größten Burrito der Welt fabriziert habe. Aber was soll ich sagen – es schmeckt halt einfach so gut …

Barbacoa-Rindfleisch

FÜR 8 PORTIONEN

- 1 EL Öl
- 1 ½ kg Rinderbrust, in größere Stücke geschnitten; auch anderes Rindfleisch eignet sich, da es beim Garen ohnehin auseinanderfällt
- 150 ml Apfelessig
- 300 ml Rinderbrühe
- 4 Knoblauchzehen, abgezogen und in Scheiben geschnitten
- 4 Chipotle-Chilischoten in Adobo-Sauce aus der Dose oder 1 EL Chipotle-Paste
- 1 rote Chilischote, fein gehackt
- 2 Gewürznelken, zerdrückt
- 2 Lorbeerblätter
- 1 EL brauner Zucker
- 1 EL Tomatenmark
- Saft von 3 Limetten
- 1 EL gemahlener Kreuzkümmel
- 1 TL getrocknetes Basilikum
- 1 TL getrockneter Oregano
- Salz und Pfeffer

Zu diesem vielseitigen Gericht passen Reis, Nachos, weiche Tacos, Pommes und Salat.

1 Das Öl bei hoher Temperatur in einer antihaftbeschichteten Pfanne erhitzen und das Fleisch etwa 1 Minute rundum darin anbraten. Mit Apfelessig, Rinderbrühe, Knoblauch, Chili, Nelken, Lorbeer, Zucker, Tomatenmark, Limettensaft, Kreuzkümmel, Basilikum und Oregano in den Schongarer geben. Umrühren und mit Salz sowie Pfeffer würzen. Auf hoher Stufe 4 Stunden oder auf niedriger Stufe 8 Stunden garen.

PRO PORTION 487 KCAL

Dieser himmlische, kalorienarme Eintopf besitzt durch die Zugabe von Trockenpflaumen einen Hauch von Süße. Sie kommen in Eintöpfen zwar relativ selten vor, machen die Sauce aber herrlich reichhaltig und sämig. Wenn Sie allerdings keine Trockenpflaumen mögen, können Sie sie selbstverständlich auch weglassen. Ein weiteres wärmendes Gericht für einen gemeinsam mit Freunden verbrachten Winterabend.

Eintopf mit Rind, Süßkartoffel und Spinat

FÜR 4 PORTIONEN

1 kg Süßkartoffeln, geschält und in mundgerechte Stücke geschnitten
600 g Rindfleisch, in mundgerechte Würfel geschnitten
6 Trockenpflaumen ohne Stein, gehackt (optional)
1 Zwiebel, abgezogen und gehackt
4 Knoblauchzehen, abgezogen und fein gehackt
2 Lorbeerblätter
1 EL Paprikapulver
400 g gehackte Tomaten aus der Dose
2 EL Tomatenmark
500 ml Rinderbrühe
1 Handvoll frische Petersilie, gehackt
1 Handvoll frischer Thymian
1 EL Maismehl, mit 1 EL Wasser zu einer Paste verrührt
Salz und Pfeffer
1 große Handvoll frischer Spinat

Servieren Sie den Eintopf mit Rind, Süßkartoffel und Spinat mit etwas knusprigem Brot, mit dem Sie die herrlich süße Sauce aufdippen können.

1 Süßkartoffeln, Rindfleisch, Trockenpflaumen, Zwiebel, Knoblauch, Lorbeer, Paprikapulver, Tomaten, Tomatenmark, Rinderbrühe, Petersilie, Thymian und Maismehlmischung in den Schongarer geben. Umrühren und mit Salz sowie Pfeffer würzen. Auf hoher Stufe 4 bis 5 Stunden garen. Den Spinat unterrühren, zusammenfallen lassen und alles servieren.

PRO PORTION 412 KCAL

Als ich meine Freunde fragte, ob sie sich zu Hause selbst Lamm zubereiten, antworteten 90 Prozent von ihnen mit Nein – und das, obwohl mit dem ungeheuer aromatischen Fleisch so viele tolle Rezepte umgesetzt werden können! Besonders gut schmeckt Lamm mit zahlreichen, auch exotischen Gewürzen, wie in diesem köstlichen Gericht. Inspiriert ist es von der traditionellen marokkanischen Tajine; wie in diesem Gefäß bleibt das Fleisch auch im Schongarer schön saftig.

Scharfes Aprikosenlamm

FÜR 4 PORTIONEN

600 g mageres Lammfleisch, in Würfel geschnitten
1 EL Öl
1–2 EL mildes Currypulver
1 EL gemahlene Kurkuma
1 Zwiebel, abgezogen und in Scheiben geschnitten
2 Karotten, fein gehackt
800 g gehackte Tomaten aus der Dose
50 g getrocknete Aprikosen, fein gehackt
1 EL Tomatenmark
1 TL Zimtpulver oder 1 Zimtstange
5 Knoblauchzehen, abgezogen und fein gehackt
5 cm frischer Ingwer, geschält und gerieben
500 ml Hühnerbrühe
1 EL Honig
1 Handvoll frischer Koriander, gehackt
3 frische Minzeblätter, gehackt (optional)
Salz und Pfeffer
frischer Koriander, gehackt, Minzeblätter und gehobelte Mandeln zum Garnieren

Mit etwas Joghurt, einem Salat und Couscous oder Kartoffelspalten servieren.

1 Das Fleisch gründlich mit Öl, Currypulver und Kurkuma einreiben. Eine antihaftbeschichtete Pfanne bei hoher Temperatur erhitzen und Fleisch sowie Zwiebel in 1 bis 2 Minuten rundum darin anbraten.

2 Lamm und Zwiebel mit den restlichen Zutaten bis auf Salz, Pfeffer, Koriander, Minze und Mandeln zum Garnieren in den Schongarer geben. Umrühren und mit Salz sowie Pfeffer würzen. Auf niedriger Stufe 4 bis 5 Stunden garen. Mit Koriander, Minze und Mandeln garniert servieren.

PRO PORTION
470
KCAL

Dieses Rezept habe ich letztes Jahr entwickelt. Ich bereite ständig Rinderbrust im Schongarer zu, wollte es in der Vorweihnachtszeit aber auch einmal mit Glühwein probieren, um dem Gericht einen besonders festlichen Touch zu geben. Das Ergebnis ist köstlich: eine milde Süße und wunderbar kräftige Aromen – schmecken Sie selbst!

Rinderbrust mit Glühwein

FÜR 6 PORTIONEN

1 kg Rinderbrust
1 Karotte, mit Schale in Stücke geschnitten
2 Lorbeerblätter
2 Zweige frischer Rosmarin
1 rote Zwiebel, abgezogen und gehackt
400 g gehackte Tomaten aus der Dose
1 EL Tomatenmark
4 Knoblauchzehen, abgezogen und fein gehackt
1 Zimtstange
400 ml Glühwein
300 ml Rinderbrühe
1 Bio-Orangenscheibe
Salz und Pfeffer

1 Eine antihaftbeschichtete Pfanne bei hoher Temperatur erhitzen und die Rinderbrust rundum darin anbraten. Karotte, Lorbeer, Rosmarin, Zwiebel, Tomaten, Tomatenmark, Knoblauch, Zimt, Glühwein, Rinderbrühe und Orangenscheibe in den Schongarer geben. Umrühren. Die Rinderbrust hineinlegen und in der Mischung wenden. Mit Salz und Pfeffer würzen. Alles auf hoher Stufe 7 bis 8 Stunden garen. Zum Servieren das Fleisch mit zwei Gabeln auseinanderzupfen.

Servieren Sie die Rinderbrust mit Glühwein mit Kartoffelbrei und Gemüse der Saison.

PRO PORTION 325 KCAL

Einen Schinken kann man nicht nur an Weihnachten essen – ich bereite ihn das ganze Jahr über zu, und dank Schongarer läuft das immer stressfrei ab. Wenn man ihn vorher über Nacht in kaltem Wasser einweicht, ist er später nicht mehr so salzig. Und jetzt verrate ich Ihnen noch ein kleines Geheimnis: Ich kaufe immer einen extragroßen Schinken, um aus den Resten in den Tagen danach leckere Sandwiches zuzubereiten.

Honig-Senf-Schinken in Cidre

FÜR 10 PORTIONEN

2 große Bio-Orangen, in Scheiben geschnitten
1 ½ kg Schinkenbraten ohne Knochen
20–25 Gewürznelken
1 Zimtstange
1 Sternanis
1 Lorbeerblatt
500 ml Cidre
6 EL Honig
1 EL Senf

1 Mit der Hälfte der Orangenscheiben den Boden des Schongarertopfs bedecken und den Schinken darauflegen. Nelken, Zimt, Sternanis, Lorbeerblatt und Cidre dazugeben und alles auf hoher Stufe 4 bis 5 Stunden oder auf niedriger Stufe 7 bis 8 Stunden garen. Anschließend abkühlen lassen. Alternativ kann der Schinken mit den Nelken gespickt werden.

2 Den Backofen auf 190 °C vorheizen. Die restlichen Orangenscheiben in eine ofenfeste Auflaufform geben und den Schinken wiederum darauflegen. Das Fett bis auf eine dünne Schicht ab- und den Schinken kreuzförmig einschneiden. Mit Honig sowie Senf bestreichen und 25 bis 30 Minuten im Ofen backen. Dabei alle 10 Minuten mit dem ausgetretenen Saft begießen.

Für einen Schinken dieser Größe brauchen Sie einen Schongarer, der mehr als 3,5 Liter Fassungsvermögen hat.

PRO PORTION
305
KCAL

Der Sonntagsbraten – wer liebt ihn nicht? Als ich klein war, hat meine Mutter ihn immer im Schongarer zubereitet, dieses Gericht ist also gewissermaßen von ihr inspiriert. So kann man ganz ohne Stress auch für mehrere Esser kochen, ohne dabei Kompromisse hinsichtlich des Geschmacks eingehen zu müssen. Für ein Stück Fleisch dieser Größe brauchen Sie einen Schongarer mit mehr als 3,5 Liter Fassungsvermögen.

Sonntagsbraten mit Sauce

FÜR 10–11 PORTIONEN

1 ½ kg Rinderrostbraten
1 Zwiebel, abgezogen und gehackt
1 Karotte, mit Schale in Stücke geschnitten
1 Handvoll frischer Rosmarin
100 ml Rinderbrühe
2 Knoblauchzehen, abgezogen
Salz und Pfeffer
1 gehäufter EL Maismehl, mit 1 EL Wasser zu einer Paste verrührt

1 Eine antihaftbeschichtete Pfanne bei hoher Temperatur erhitzen und den Rinderrostbraten rundum darin anbraten. Zwiebel, Karotte, Rosmarin, Rinderbrühe und Knoblauch in den Schongarer geben. Umrühren. Das Fleisch dazugeben und in der Mischung wenden. Mit Salz sowie Pfeffer würzen und alles auf niedriger Stufe 6 Stunden garen.

2 Den Garheitsgrad des Fleischs prüfen. Ich mag es, wenn es innen noch rosa ist; wer es etwas mehr durchgegart möchte, verlängert die Garzeit entsprechend.

3 Das Fleisch aus dem Schongarer nehmen und aus der Garflüssigkeit eine Sauce zubereiten. Dafür die noch festen Bestandteile mit einer Gabel zerdrücken, die Maismehlmischung unterrühren und alles noch einmal aufkochen. Den Sonntagsbraten nach Belieben mit Kartoffeln, Karotten und grünem Gemüse servieren. Die Sauce dazu servieren.

Register

G

H

I

J

K

L

M

N

O

P

R

S

T

V

W

Z

DANKSAGUNG

Ich widme dieses Buch meinen Online-Followern. Ohne ihre unablässige Unterstützung hätte ich es wahrscheinlich nie geschrieben. Ich danke jeder Einzelnen und jedem Einzelnen von euch von Herzen!

AUCH ERHÄLTLICH

ISBN 978-3-517-10313-6
Leseprobe unter www.suedwest-verlag.de

Impressum

1. Auflage

Die Originalausgabe erschien 2023 unter dem Titel "Bored of Lunch: The Healthy Slow Cooker Book" bei Ebury Press, einem Imprint der Ebury Publishing. Ebury Publishing ist Teil der Penguin Random House group of companies.

Hinweis
Die Ratschläge/Informationen in diesem Buch sind von Autor und Verlag sorgfältig erwogen und geprüft, dennoch kann eine Garantie nicht übernommen werden. Eine Haftung des Autors bzw. des Verlags und seiner Beauftragten für Personen-, Sach- und Vermögensschäden ist ausgeschlossen.

Projektleitung: Eva Wagner
Übersetzung: Dr. Ulrike Kretschmer
Satz & Redaktion: Matthias Liesendahl
Umschlaggestaltung für die deutschsprachige Ausgabe:
Oh, Ja! München
Druck und Bindung: Pixartprinting, Lavis

Printed in Italy

FSC www.fsc.org
MIX
Papier | Fördert gute Waldnutzung
FSC® C147178

Penguin Random House Verlagsgruppe FSC® N001967

ISBN 978-3-517-10314-3
www.suedwest-verlag.de